U0031085

古蹟新解

A New Explanation About Historical Monuments

珍重故事的舞台

Treasuring the Platform of Stories

李乾朗　著

古蹟新解

A New Explanation About Historical Monuments

珍重故事的舞台

Treasuring the Platform of Stories

李乾朗 著

藝術家出版社

序

　　古代農業社會的建築行為，基本上建立在以人本思想為基礎的實踐，雖然台灣的宗教信仰發達，人們虔誠地捐獻，興建華貴的寺廟，其目的仍然回歸到祈福納祥，最常見的寺廟對聯是「風調雨順」與「國泰民安」。台灣的建築傳承自閩、粵，然而歷經數百年演變，匠師融合各家之長，匯聚成本地的特色。我們仔細觀察，發現古建築亦可載道，它蘊藏豐富的人文思想，值得我們闡揚發揮。

　　一九七二年開始，我花很多時間在台灣各地作古建築的田野調查，並且蒐集文獻史料，研究台灣建築史的發展。一九八八年之後，我數度到中國大陸實地考察古建築，拓展了研究的視野。這三十多年來，我所發表的文章，大都屬於學術調查研究的性質，內容較為嚴肅。例如：談到斗栱結構，不免提及一大堆專業術語，建築上的細部，有時候很難以文字表明，必須輔以圖片或插圖。為了讓廣大對中國古建築有興趣的人士了解其中奧妙，我嘗試以有趣的題目、簡短的字數，來闡明古建築的某些論述，希望與讀者分享古建築的文化內涵，收錄在本書的文章即是基於此種想法而完成的。

　　收在「保存新解」章與「古蹟解碼」章中的二十餘篇短文，原是應遠流台灣館黃靜宜主編聯繫中國時報浮世繪版的夏瑞紅主編之邀而寫，在一九九九年十一至十

二月間，每週見報一次。記得當時有位老友看到，還戲問我是否躋身專欄作家了？另外，還有數篇曾發表於《室內雜誌》，配合室內設計專刊基調，寫的較軟性。而書中幾篇收於「古蹟人物」章的長文，主要是速寫我所尊敬的前輩，包括馬偕、王益順、梁思成、林徽因、林衡道及席德進……等先輩，他們之中有些我無緣得見，是透過文章或口述歷史而景仰不已的，而有幾位則有幸能親臨受教。前輩劉致平晚年，我很幸運能到北京探望，他的古建築調查成果既廣且深。林衡道及席德進二位，則有較長時間的接觸與請益。這群先輩對古蹟保存的貢獻無與倫比，我覺得應該大力宣揚他們的典範行誼。

　　書中圖片為我多年旅行所攝，長年背著一大袋傳統相機行腳各地，工作起來頗為辛苦，收穫卻令人至感滿足。尤其能為這些文章配上相應的圖片，並附上詳細文字說明，主要用意在於導引讀者體驗古建築之妙。

　　本書得以出版，感謝《藝術家》雜誌發行人何政廣的力邀成書，以及內子淑英為我整編及潤飾文稿。這本書也可以說是我推廣建築普及化的一種思考，至盼讀者先進們給予指正。

寫於台北
2004年端午時節

5

目次

3 古蹟人物 156

1 保存新解

古建築像個老朋友

　　一九七〇年代關心台灣古蹟或歷史文化的人很少，卻有一位祖籍四川的畫家很癡狂地關心台灣的古建築，他不但常常走訪鄉下民宅，參加廟會活動，而且蒐集了一屋子的磚瓦舊甕，最後也以古屋為題材作畫，並撰寫文章出書來肯定民間藝術的地位，他就是席德進。

　　我有數次機緣與席德進一起去探訪古蹟，當時坊間可以購得的參考書很有限，我們主要的線索都是根據古蹟仙林衡道教授的書，按書中所提到的地點，逐一去拜訪。通常都是搭火車，再轉

▌1974年席德進進到宜蘭勘查民房，在一座楊氏進士第前聚精會神地拍攝綠釉花窗，他特別喜愛這種平實低矮的民房，並注意其細部的造形與色彩的對比。

▌1975年席德進進到大肚鄉訪查一座民居，這座陳姓民宅具有台灣中部型的門樓，屋脊內尾起翹，兩側則有肩形牆加固，既美觀又兼具結構作用。

計程車去尋覓，每當一座優雅而寧靜的古宅或古廟出現在我們眼前時，如同夢中的人突然在現實生活裡出現一樣，非常令人驚訝與感嘆，所感驚訝的是社會急度變遷之下，這些老祖宗留下來的古建築居然能夠逃過天災與人為的劫數，還好端端地呈現在我們面前；所感嘆的是我們也預感到台灣的城鄉建設失調，寧靜的鄉居生活將逐漸被塵囂的城市街巷所侵入，這些古建築將被犧牲掉。林衡道教授的名言「看古蹟如看花，慢了看不到」是七〇及八〇年代台灣的寫照。

席德進以畫家敏銳的觀察力看待台灣古蹟，給予很高評價，他回想起童年在四川的古宅村莊，認為同樣體現著中國古代深厚的文化積累，建築物表現出人倫秩序之美。這如何說呢？我與席德進走進彰化永靖餘三館陳氏古宅，見到庭院中之矮牆與眾多木柱，席德進時而倚靠著柱子、

▋位於台灣中部彰化永靖的陳宅，內額題為餘三館，象徵餘慶有三之意。當地在清代蘊藏了福佬與客家文化，因此建築上呈現閩、粵混合之風格。席德進在1972年與林衡道初次造訪此宅，即深深崇慕其優雅恬靜的文化氣氛，日後以它為題材畫了許多畫。

▋席德進1975年所作永靖餘三館水彩畫，它有兩重院落，並以門樓與矮牆分隔，形成隔而不絕的空間。席德進喜愛白牆、黑瓦與紅磚的強烈對比。

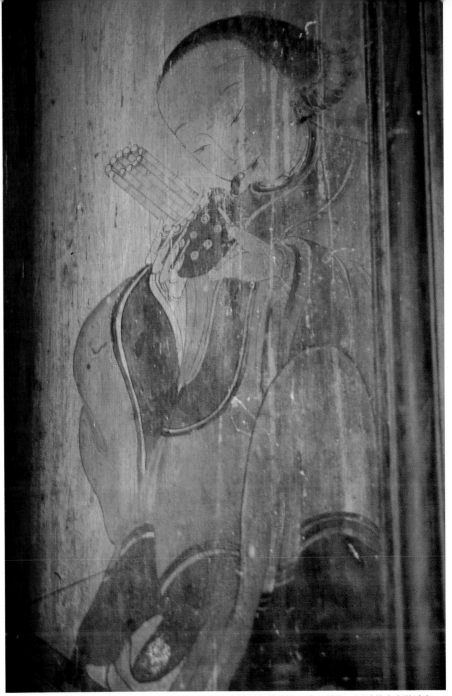

■ 彰化縣永靖餘三館不但建築格局完善，它還有清代光緒初年的彩繪，畫工精妙，圖爲其主人臥房窗板仕女彩繪，用色淡雅，線條勾勒細膩，爲台灣古建築彩畫之佳作。

古時矮牆上為了適當遮擋視線，常在牆上砌一段花窗，本圖為金門所見之例。以瓦片組合成連續的菊花，似有諧音吉祥之寓意。古屋的設計考慮到與人的感情交融。

古屋與人的尺度極為協調，彰化馬興陳益源大厝的月洞門，其直徑略大於一個人的身高，老太太從裡面走出來，讓我們想起達文西的名畫。

時而手撫矮牆、時而穿梭在門廊之下。他說「古屋真像一位老朋友，你可以拍拍他的肩膀」。將人與建築的關係提升至人與人的關係，這是一個畫家長期觀察古建築所體會出來的心得。

事實上，古建築雖是舊時代的產物，科技日新月異，新的玻璃鋼骨建材取代了過去的木材與磚頭，但是只要人本身沒有改變，人性的空間仍然需要。今天的建築師所遇到的難題是當新的材料出現時，為追求新的造形，人性的精神卻消失了。每當我看到台灣各地出現一些突兀的建築時，席德進「你可以拍拍他的肩膀」這句話便又在我心中低迴。

古蹟不死，只是凋零

　　歐洲的皇宮古堡在貴族失勢之後，多改為博物館或美術館，但是教堂仍是教堂，住宅仍是住宅。我們常可見一座城鎮的外貌很古老，但每家的室內多經改造或修繕，現代人仍很舒適地住在裡面。台灣的古蹟數量很少，其中大多為寺廟。寺廟是民間信仰中心，香火鼎盛象徵神明很靈驗，但是古廟因為進香活動，擠得水洩不通，對古蹟的保存維護卻不見得有利。

　　到過日本京都或奈良參觀過古寺的人都有共同的經驗，參觀者進入寺內一定要換拖鞋，自己拎著皮鞋看古蹟，並且不得用閃光燈拍照。日本人認為古蹟不只是為你而開放，他們要讓下一代人也能看到同樣形貌的古蹟。

　　台灣的古寺廟雖然接受進香燒金紙，但像台北龍山寺及保安宮也認識到文物保存之重要性，這兩座廟的大殿是不能隨便進入燒香的，信徒只能將香插在院中的大香爐。有一位研究宗教的朋友告訴我，選擇初一或十五到廟裡拜神，是一種誠心而已，並不需要擠到神像面前讓神看到你來了。因為神如果有靈，則是無所不在的。

　　古蹟有人繼續使用總比閒置好，但過度使用卻會折壽。近年淡水紅毛城、板橋林家花園及高雄旗後砲台等都開放給民眾參觀，有的佈置成文物館，收門票以控制人數。在市區裡的古城門，台北市的北門孤伶伶被包圍在圓環馬路之中，行人無法親近。但新竹市、台南市及高雄市的城門

▌寺廟是古代中國人心靈的寄託，代代相傳，所以古寺廟保存豐富的歷史文物，切忌盲目整修。金山寺位於福州閩江上游，建在小島上殊為罕見。當漲潮時，人們擺渡才能登臨揭拜。（右頁上圖）

▌日本京都宇治的平等院鳳凰堂鐘鼓樓，符合中國古書上所謂簷牙高啄之美。日本佛寺為了保存古老的木地板，參觀者通常需要脫下鞋子才能進入參訪。（右頁下圖）

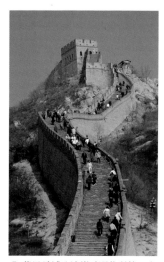

▌萬里長城八達嶺為明代所築，由於地近北京，觀光客較多，因而經常維修。有許多青磚都是近年新補的，參觀者太多也可能造成損害。

寺廟中除了神像之外，也附有許多石雕、木雕及彩繪的裝飾藝術。福建泉州開元寺始建於唐代，至明朝大修，樑架使用飛天樂伎斗栱，每尊飛天所持樂器皆不同，各異其趣。

鹿港龍山寺在921地震時受損嚴重，近年正進行落架大修，即將屋頂全部拆卸，抽換腐朽的木材。本圖為拆下屋瓦之後全景。（右頁上圖）

鹿港龍山寺為台灣保存古貌較多的寺廟，它的大殿之前附建一座拜亭，方便香客朝拜。兩座屋頂間為了排水，再覆蓋蟹形頂，只有在高空才能見之。（右頁下圖）

古蹟不死，只是凋零

卻在都市空間配合規畫下，成為一個小公園，尤其是新竹的迎曦門、護城濠的水景與城門洞、城門樓互相輝映，不但使民眾容易親近古蹟與使用古蹟，也為城市樹立了具有歷史意義的地標。十多年前高雄左營城門前的古井存廢引起爭議，居然出現古人與今人爭地的說法，於今看來，能保住古人遺留下來的，且能為今人所用，即古為今用，方屬智者之策。

▌西安秦始皇陵兵馬俑的出土是二十世紀世界考古史上的大事，它揭開了二千年前的一些歷史之謎。為了現場保存，以求古蹟之真，現以大跨度的屋頂覆蓋。有些重要的出土物如銅馬車則移至附近博物館陳列，此為世界各國常用的方式。（上圖）

▌新竹東門迎曦門為竹塹唯一保留下來的城門樓，近年經過規畫，恢復護城壕，並設計水景，與城門洞互相輝映，成為市民喜愛的去處。（右圖）

▌古蹟蘊藏多方面的文化資訊，包括彫刻、繪畫、陶瓷及書法等傳統藝術。黑底描金畫是一種家具及器物常用的裝飾工藝，也可施作於建築門板上。（右頁圖）

保存文化要趁時機

每次經過總統府前的凱達格蘭大道，多少會令人思索一個問題，到底台北市的原住民凱達格蘭族還剩下多少人？他們的相關古蹟還留下什麼？眾所周知，古蹟是人類活動的遺跡，台灣的少數民族或原住民文化面臨滅絕的困境，甚至找不到蛛絲馬跡，就歷史發展來說，這是很可惜的事。如果要認真地保存，今天時機是否後悔莫及呢？

從日治時期開始，即有日本學者調查研究平埔族的語言文化，但當時發現平埔族與漢人移民長期接觸，漢化太深。有些聚落雖然居住著平埔族的後裔，但是他們的服飾與生活習俗幾乎與漢人沒有什麼不同。又經過近百年來的變遷，如今要尋得會講平埔族語言的人如同緣木求魚了。

台灣古蹟的指定方式很官僚化，將文化當成派出所管區業務來辦，因此地方政府如果不去發掘古蹟，並且向上呈報，那麼很可能珍貴的古蹟將被怪手剷平而無人伸出救援之手。在九二一大地震中，中部許多古蹟消失了，特別是一些尚未被列入古蹟名單的古宅第。在埔里一帶，可能還有為數不少平埔人後裔的文化遺跡，但大多毀於一旦！

原住民要自己覺悟起來保護自己的

■ 台灣平埔族建築消失殆盡，但山區的原住民聚落仍保存不少古建築。這是魯凱族在屏東好茶一帶的聚落，仍可見到屋內彫有祖先像及百步蛇圖案的巨大支柱。（右頁圖）

■ 屏東好茶村的原住民頭目住宅前，樹立黑色片頁的標誌，並彫以祖先像及百步蛇圖騰。

文化資產，但是平埔族的古蹟要藉由朝野的力量才不會被消滅殆盡，我常覺得要了解古蹟並不難，它如同珍貴的稀少動植物一樣，一旦絕種了就永遠失去。台灣古蹟的名單中很缺乏原住民及平埔族的相關文物，他們的歷史地位也就無從建立。

　　凱達格蘭大道只是路名而已，事實上與平埔族有關的古蹟還有人知道嗎？台北圓山遺址、八里大坌坑遺址及十三行遺址等都是，但是當你帶著滿懷期待的心情去參觀時，卻大失所望，只見荒煙蔓草，荒涼之極，令人感嘆一個文化的消失與滅絕是很無情的，相信唯有寬闊的心胸才能公平地尊重歷史遺跡。

▌日月潭原住民文化村經過考證，並由日本學者千千岩助太郎指導，復建了九族的傳統住居，可視為台灣原住民建築的標本。

▌蘭嶼的達悟族與菲律賓巴丹島民文化同出一源，他們的建築多選址於海邊，包括住宅、涼台、工作房、庭院、倉庫與船屋。住宅多採半地穴式，但涼台則用干欄式，茅草頂綁以麻繩。

珍重故事的舞台

擅長講故事的老師受到學生歡迎，閱歷豐富的人講故事引人入勝。古蹟也會講故事，故事的內容就是一個地方的歷史文化。近年台灣開始注重鄉土歷史，要彌補過去只知有中國大陸而不知有台灣之偏差教育方向。我在多年的田野調查經驗裡，體會到台灣歷史的諸多動人史實，它們都有實際存在的古蹟互相印證，令人記憶深刻，且感受到人與古蹟之間存在著對話，你問它答。我

▋ 淡水紅毛城是台灣可考證的最古老建築之一。它由荷蘭人在1645年所建，至十九世紀末再由英國領事租用，並大事整修，成爲今貌。其內部無柱，使用穹窿構造。（右頁圖）

▋ 古蹟曾是許多未流傳下來的故事的舞台，山西大同雲岡石窟下尚可見古道，古今無數商旅的車輛所歷出之轍，至今歷歷在目。

甚至認為，要產生優秀的文學家、小說家、劇作家或任何形式的藝術家，他的童年必先要生活在充滿故事的環境中。

淡水的紅毛城是一座沒有樑柱的穹窿建築，出自三百多年前荷蘭人所建的古堡。台南的孔廟由鄭成功的參軍陳永華創建，朱牆與古樹輝映，足以令人發思古幽情。板橋林家花園亭台樓閣各異其趣，為清代台灣首富之私家庭園。淡水牛津理學堂為加拿大傳教士馬偕所設的台灣第一座大學，馬偕娶台灣人為妻，死後且葬在淡水。台北的北門為劉銘傳擔任巡撫時所建城池遺物，劉氏是將台灣推向現代化的先驅功臣。高雄的旗後砲台為著名的劉永福黑旗軍駐防地，抗日雖失敗，其事蹟仍然可歌可泣。台中公園內池心亭，為日

▌ 台北龍山寺的石彫出自泉州惠安石匠蔣氏之手，這一派石匠師具有悠久的技藝傳承聲譽。本圖題材取自李白醉寫番表，人物姿態栩栩如生，三個人的構圖穩定而嚴謹。歷史故事的片段常見於台灣古寺廟。

台南孔廟為鄭成功參軍陳永華所建，象徵漢人文化根植台灣之始。台南孔廟雖經歷多次修繕，但其位置與地面石料仍為明末初建時物，彌足珍貴，它訴說著明鄭的興亡史。

人將縱貫線南北貫通時通車典禮的紀念亭。每次我到台中火車站，就會想像當年鐵路南北相接的盛況。

不錯，歷史是需要一些想像力，但如果古蹟實物不存，那麼連想像的空間都沒有了。近五十年來，台灣各大小城市都在進行一場消滅記憶的革命。街道拓寬，古蹟被毀。我們找不到台灣民謠作曲家的故居，找不到文學家或畫家的故居。著名的歷史事件現場從不立碑，到處只見同樣姿態的銅像立在校門口、圓環及公園內。缺乏多樣化的古蹟會使人得到歷史失憶症。古蹟會講故事，同時也是故事的舞台與目擊者，我們的教科書如果不告訴學生，他們站在古蹟面前，當然有如鴨子聽雷，麻木無感覺了。

金門的文台古塔爲古時的一種航海標誌。明代嘉靖年間都督俞大猷鎮守金門，曾在塔旁巨石題「虛江嘯臥」，此爲中國摩崖石刻之古老傳統，藉著文字向後世傳達人的志氣，也使古今可以相通。

淡水由劉銘傳所建的砲台，門額上題著「北門鎖鑰」及「合肥劉銘傳」字樣，也是台灣現存古蹟中唯一有劉氏落款的門額。劉氏在台灣推行新政，建樹頗多，是台灣歷史上值得懷念的人物。

▌屏東恆春縣城是台灣清代城池中保存最好的一座，它的城牆還有數千公尺，城門洞也仍爲原物。城門樓則係
近年經過考證之後復建的。

▌馬祖爲閩江口外的小島，它的土地貧瘠，無法發展農業，幾百年前即開始有人居住，捕魚爲業。芹壁是一個
靠海小村莊，民居沿著懸崖峭壁建造，有如地中海的景色，頗爲壯觀。

古蹟是時代的容顏

近年台灣新建的寺廟乍看之下令人有美輪美奐之感，但若將這些石雕或木雕與古廟比較，總是覺得缺乏一種樸拙渾厚的美感。現代的石匠多利用電動工具雕琢，也許可以將人物、走獸、花鳥雕得非常細緻，但同時也失去了人工打造的渾圓而典雅的趣味。這種差異如同手工的蘇繡或湘繡一樣，機器總勝不過。

古代建築出自手工，當時寺廟的管理人或一般民眾對於傳統藝術也有一定程度的欣賞能力，不夠水準的雕刻是沒有市場的。我曾經訪問過一位住在迪化街的老石匠，他今天如果健在的話，恐怕有一百多歲了。他講一段故事，他年輕時隨父親從泉州渡台幫人建廟，有一次雕廟口的石獅，為了表現獅子的威

▋ 古建築多以手工製作，講求材料優良，手工精巧。霧峰林家景薰樓的彩色玻璃花窗，盛行於十九世紀末，當時西風東漸，教堂的彩色玻璃窗也被運用至民宅及園林之中。

▋ 石獅子常矗立於廟門或陵墓之前，具有鎮守之象徵。本圖為彰化快官鄉辜姓人士之大墓，石獅造形雄偉，彫工精湛，注意台座之下凸出象頭，具有大舜以象耕田之孝順精神。（右頁圖）

猛氣勢，雕得較壯一些，但旁觀者講話了，「胖石獅會打瞌睡，怎能守廟門？」當天晚上他偷偷地修改，將獅子雕瘦一些。不料第二天早上那批閒著沒事的人又來批評了，「石獅餓得這麼瘦，太可憐了！」這胖瘦之間的拿捏似乎頗困難，但也說明了古時那怕是廟口那些閒人都有不錯的鑑賞能力，工匠的作品如果達不到一定水準，大概混不到飯吃。

古蹟反映古代的審美觀，當時的匠師手藝與欣賞者眼界同步，匠師養成教育較完備，徒弟拜師要學三年四個月，出師後還要磨練數年才能獨當一面。反觀今天，整修古蹟缺乏良匠，工藝粗陋。新建的寺廟雖然看起來精雕細琢，琳瑯滿目，但經不起細看與久看，這當然反映出我們這一代人已經喪失了品評傳統藝術的能力。

為了讓傳統能延續，古蹟或古街道的存在能夠成為立體的教材，耳濡目染教育群眾。近年台北市都市發展局倡導保存迪化街及某些歷史性建築，即是要補單棟古蹟之不足，要使一條街全面地發揮影響力，所謂「人能創造空間，而空間也能塑造人」。我常常在街頭上看到台灣建築的單調乏味竟然與當代台灣人的面目神情很像，果真應驗了這句話。

▌ 匠師的傳承要依賴師徒之制，社會變化劇烈，建築匠師青黃不接。但木彫神像的職業仍然不衰。此為台南名匠所彫的木製神像，面容姿態仍具古拙之風。

▌ 石獅子的造形各地差異甚大，台灣與福建石獅屬同一造形系統，但廣東或浙江就不同了。本圖為山西五台山龍泉寺的石獅，它的石座上有三角巾的裝飾，屬於中國北方獅的形式。

古蹟是稀有寶物

　　古蹟是古時建造的各種建築物，凡是能逃過天災人禍而倖存下來的，才有可能成為古蹟。但是，古蹟的指定卻是主觀的，因時空不同而有所差異。日治時期日本人所指定的台灣古蹟，除了紅毛城、安平古堡以及著名的寺廟如台北龍山寺、北港朝天宮等，他們也指定了一些日本攻佔台灣的相關史蹟，例如北白川宮能久親王從鹽寮澳底登陸之處，或日軍與抗日義軍交戰之地，甚至日本神社之類的建築。

▌桃園神社的本殿，採取「流造」的形式。它的階梯以整塊的檜木製成，屋頂鋪銅皮瓦，散發銅綠的色澤光輝。戰後在清除日本影響政策下，大部分台灣的神社皆遭拆除，唯獨桃園神社因長期被充為忠烈祠而保存下來。(右頁圖)

▌桃園神社建於1938年，是現存台灣的日本神社中最完整的，也是品質最佳的。它使用質優的阿里山檜木，作工之精冠於全台，當時值皇民化運動，神社建築數量達到一個高峰。

近十多年來，台灣開始重視本土文化，古蹟的指定卻常遇到立場或所謂意識形態的問題。例如只站在漢人移民立場，而原住民的建築很難有上榜的機會。對於日治時期的總督府、博物館、火車站、州廳建築等則視如仇敵。桃園有一座全台僅存較完整的神社，戰後改為忠烈祠，供奉革命先烈牌位，但因屬於日式木造建築式樣，究竟可否指定為古蹟，也成為專家學者論戰的焦點。

所幸最後都能保存下來，總督府即今總統府，且被內政部指定為國定古蹟，其他如新竹火車站、台中火車站、台南火車站等也都進入古蹟名單。回顧起來，以平常心看待歷史是很重要的，歷史證物不能被抹滅，而歷史的批評可以是多角度的。古蹟很像稀有生物，如果它的數量急速減少，那麼我們就要拯救保護它。

▌建於1930年代的台北善導寺，原為日本的佛寺，採用所謂「妻入」的入口形式，入口屋頂下設有「海老虹樑」，並且為鋼筋水泥構造，深具時代特色。可惜近年被全部拆除，改建為高樓式廟宇。

▌台中是縱貫鐵路的中點站，日治初期延長劉銘傳的鐵路至高雄，通車典禮在台中舉行。台中火車站在全線各站中最為華麗，採取後期文藝復興式建築，屋頂很陡、尖塔高聳，成為台中市的地標。（左圖）

著名的交趾陶匠師蘇陽水在1930
年代為桃、竹、苗一帶的寺廟與
民宅製作了許多精緻的人物帶騎
作品。這些交趾陶多裝置在屋脊
或牆上，經過日曬雨淋，仍散發
著古樸色澤，但近年多因寺廟改
建而遭毀。

有人說，不滿百年不算古蹟，如果我們輕率
地拆除八十多歲的古廟，那麼它就不可能滿百
歲。最近苗栗公館的五穀宮就面臨這種不滿百年
的危機，少數地方人士欲拆除它再建水泥新廟，
其累積年資將被一筆勾銷。一座新廟的年資是一
歲，任何小孩都知道。苗栗還有一些熱愛文化人
士正努力地挽救這座象徵客家人開墾歷史的古
廟，但命運尚未可卜。

春節將近，我想起一對很通俗的春聯，正好
可以來形容古蹟，「天增歲月人增壽，春滿乾坤
福滿門」，古蹟每年也增一歲，它陪伴你我成
長。

▌廣東佛山祖廟光緒年間的石灣陶藝，作工極為精細。

▌古寺廟保存了多種傳統藝術，其中低溫陶的裝飾被視為從廣東傳到台灣，日本人稱之為交趾陶，事實上清代台灣陶匠多傳承至泉州。本圖為廣東龍母廟的陶飾，屬於石灣陶，色彩較淡雅，且人物頭部朝下，以適合觀者仰視。

▌艋舺為台北市的發源地，原有許多古宅第，但因不當的都市計畫，大部分古宅第消失殆盡。這是艋舺民居的屋頂山牆，多角的造形展現昂揚煥發之氣勢。（右頁上圖）

▌各地的屋脊裝飾大同小異，祈求祥福與鎮煞辟邪為共同的目的。這是浙江紹興大禹陵的石彫屋脊，中為火珠，左右端為鰲，造形富古拙之趣。（右頁下圖）

收錄在老房子裡的生活聲息

台灣在清代及日治時期所建造的古老宅第隨著社會急速變遷而凋零瓦解，現在要看到一座完整的多進多護龍的四合院愈來愈不容易。我在一九七〇年代初常與朋友結伴到中南部鄉鎮考察古屋，這些大宅第多是當地富戶在全盛時期所建，格局力求寬大，雕飾無不精美，反映了台灣所繼承的中國傳統文化，也散發著尚未邁入工商社會之前的台灣所擁有的一股寧靜優雅氣息。這股氣息在我走入那些院子的時刻，馬上可以體驗出來。

台北林安泰古宅、彰化永靖餘三館及霧峰林宅宮保第都是典型的例子。古蹟是歷史的產物，它能凝固時空，所以這種寧靜安祥的院子顯然屬於百年前的氣氛，以台灣今天的忙祿生活步調來看，幾乎是太奢侈的空間了。

因地狹人稠，我們不可能再建造許多四合院住宅，但是如果合理地使用土地，合用一個中庭，一樣可以捕捉住古代宅第中寧靜致遠的氣息。在多年考察研究台灣古建築經驗裡，我發現我們盲目地丟棄許多可以豐富精神生活的建築設計手法，例如看不到雨水從瓦簷滴下來，也看不到白牆上婆娑樹影。

永靖陳氏古宅餘三館的院子中央有一座軒亭，它具有擋陽遮雨功能，頗適合台灣的氣候。我記得畫家席德進最喜歡畫這棟古宅第，黑瓦、白牆與紅磚地板相互輝映，色彩古雅，使人備覺

▌台北林安泰古宅創建於清乾隆年間，它擁有優雅的庭院，圍住了靜謐的空間，古代家居生活多在這寧靜的四合院中進行。

▌台中潭子的林宅摘星山莊建於清同治末年，是台灣最精緻的古宅第。它有中庭及左右院子，前方則闢水池，合乎「引水界氣」的傳統理論，也調整微氣候，使炎夏感到涼爽。

▌台南麻豆林家四房宅第被稱為「大厝九包五，三落百二門」，它的木彫精美，多採木材素色。它有獨立的門樓與
白灰粉牆，圍出寧靜的內院，可惜近年被屋主拆去一半。

▌彰化永靖陳宅餘三館的正堂，古典的供桌與太師椅擺設，並有功名的執事牌，說明了這是官宦世家宅第，
它的屋主後代仍然非常珍惜這座經典古宅。

▌新竹新埔潘宅為客家建築，它的門樓以花岡石彫出門額與對聯，額題為「孝友傳家」，深受儒家思想之影響。
（右頁圖）

福建泉州楊宅的紅磚牆與青石窗構成
良好的對比，值得注意的是以磚砌出
「忠孝節廉」四字，反映出古代人們
對傳統價值觀的禮讚。

霧峰林宅宮保第是台灣數一數二的官
宅，門禁森嚴、庭院深深。但宅的內
部長廊使用花格子窗櫺，光線投入室
內時被分解成繽紛狀，呈現浪漫的氣
息。

溫暖而寧靜，相信這是陶冶一個人性情的建築空間。毀於九二一地震的霧峰林家宮保第，它的院子四周圍繞著長廊，廊前屋簷飛揚起翹，十足地台灣清代官家宅邸氣勢，最美的則是長廊內支摘窗的花格子窗櫺，圖案優美，將陽光分解成繽紛小塊，得歸功於各種卍字紋或冰裂紋的窗櫺，這是現代鐵窗比不上的，很可惜這些令人留連忘返的花窗幾乎毀於大地震。

古蹟是一種生活方式的錄音帶，它能還原古時某個階段人們的思考方式或審美觀點。台灣的歷史也許缺乏豐富文獻的記載，但是透過古蹟，可以播放出過去忠實的歷史信息，我常常收聽這種歷史文化的聲音，且自得其樂。事實上，近年日本研究古建築物的人稱路邊的建築為「馬路博物館」，古蹟是一種沒有邊界的博物館，它提供了許多知識，豐富了我們的生活。

▌台中霧峰林家在清代武功累累，族人林文察曾率兵勇赴漳州參加剿太平軍，此為林文察塑像，原供在祖堂，但近年遭竊。

古蹟倒了可以再站起來

自古以來，地震與台灣長相左右，似乎是永久存在的訪客。每隔一段日子，不速之客總是悄悄來訪，造成災害。九二一大地震為百年來最強的一次，生命財產損失慘重。同時，台灣中部的古蹟與歷史建築也難逃浩劫，古蹟都是上年紀的古建築，它的樑柱牆壁比鋼筋水泥的建築更脆弱，自然敵不過天搖地動的破壞。

此次中部的古蹟受創最嚴重。被列為全台規模最宏偉的清代官宅霧峰林氏宅邸，幾乎全毀，主要建築被夷為平地，壯麗的景薰樓閣亦倒塌，而且今年才復建落成的大花廳與戲台也跨了下來，精緻的雕樑畫棟四分五裂，到過現場看過災情的人，見到滿目瘡痍，莫不感到痛心。霧峰林家在清代台灣歷史上可謂舉足輕重的一個家族，其族人林文察參加圍剿太平天國事件之餘黨，林朝棟官拜陸路提督，為劉銘傳治台時期之得力助手，抵禦法軍入侵。林獻堂在日治時期領導台灣民族運動，倡組

921地震對台灣古建築產生嚴重的破壞，特別是台灣中部的古蹟如霧峰林宅、竹山林宅與興賢書院。地震過後學術界開始探討是否在古蹟牆體內植入強化材料的技術。本圖為霧峰一帶地裂情況。（右頁圖）

台中大里吳鸞祈家族墓園為台灣最壯觀的西洋式墳墓，背牆為精工的洗石子希臘柱式，墓碑為大理石製的埃及方尖碑式。921地震時幾乎全毀，但近年已修復。

古蹟倒了可以再站起來

文化協會，為台灣人爭取權益，皆為功不可沒的
先賢。如今，其故居全毀，的確是台灣歷史與古
蹟文化資產之損失。

幾百年來，大地震曾經摧毀不少古蹟，我們
今天所見到的，不過是浩劫餘生的活口而已。清
代的方志文獻裡記載多次大地震與颱風，摧毀民
屋及寺廟城牆無數。史載康熙五十九年、乾隆三
十九年、嘉慶十五年都發生大地震，台北艋舺龍
山寺因倒塌而重建；咸豐十年新竹大地震，城隍
廟再重修；日治初年大地震，北港朝天宮媽祖廟
重建。這些例子都說明了台灣的古蹟要百分之百
保存初創時原形原貌似乎不太可能。

▌埃及金字塔為巨大的石材所堆積而成，五千年來經過大自然的
侵襲也產生風化，地球上所有古蹟都必須臣服自然氧化的規
律。

　　所以，有人說古蹟也會成長，隨著歲月推
移，長高或長胖，古蹟只有一部分保持原始狀
態，其餘部分依時代功能將有所增減。台灣的古
蹟也都是逃過天災人禍的倖存者，它能保存下來
供我們參觀欣賞，是我們的福氣。
　　台灣的原住民古蹟屬於南島語系的文化遺
跡，淡水紅毛城與台南赤崁樓則為西洋建築。至
於漢人移民來台所建者為中國式建築。大陸閩、
粵一帶也有地震，為何仍可見宋朝的古塔及明朝
的開元寺？閩、粵並非斷層帶通過之處，它的地
震破壞力較小。據文獻記載，清代台南孔廟附近
有一座寶塔，後毀於地震，不再重建。因此，台
灣古蹟的建築材料與結構顯然應與大陸有所不
同。但偏偏早期移民帶來了相同的建築，不但採
用福州杉與泉州石，外觀造形也很像，特別是從
大陸聘來唐山師父，這裡產生地理與文化的矛
盾，也是台灣的建築在近代逐漸變化的原因，它
一定要調適本土的地理條件，才能繼續生存。最
近十多年來，台灣的古蹟修護工程基本上係依照
「文化資產保存法」之規定，整修時「應保存原
有形貌，不得變更」。因此，如有腐朽嚴重情
形，仍以木易木，以石易石，以磚易磚。儘量保
持古蹟的體質。事實上，我們以今天的杉木來取
代古代的杉木，仍然有異。只能說採用相近的材
料而已。
　　為了保存原有形貌，古蹟的樑柱或牆壁內幾

█ 希臘雅典衛城上的巴特農神殿，為極優的大理石所建，原來保存良好，但曾遭到軍事攻擊，石柱倒塌，經過多年修復，只能恢復局部建築。

乎不加固，例如植入鋼板以增加構造強度，或在瓦片內部增加防水膠布，以有效防水。整修古蹟的目的是為了使古蹟延年益壽，使後代子孫能欣賞它們，毫無疑問，古蹟是歷史的見證！日本也屬地震帶，日本的古蹟整修即常增加鋼柱或鐵片強化，使古蹟面臨大地震時屹立不倒！

經過九二一大地震，我們也獲得了教訓，在地震斷層附近的建築物應提高安全係數，增加鋼筋與水泥數量。尤其是學校建築，事關學童安全，更是不容忽視。就古蹟而言，斷層附近的古蹟也應將防震設計列入考慮。

當然，一座倒塌全毀的古蹟是否可能重建？也是嚴肅的問題。希臘雅典的衛城巴特農神殿在十七世紀毀於火藥爆炸，如今只剩幾排石柱林立。羅馬古代的鬥獸場亦只剩下斷垣殘壁，它們並未被復原重建。古蹟只剩局部殘蹟供人憑弔，頗易使人發思古之幽情。因此有人認為九二一地震被毀的古蹟可任其成為廢墟。其實並不妥，因為西洋的石造古建築如埃及金字塔或希臘神殿，長期日曬雨淋，外表看似乎無礙，實際上仍逐漸風化，更何況以木材磚瓦為主的中國式建築呢？

古蹟的存在，不但成為歷史見證，增加我們的精神生活內容，它也可活化，配合現代人的居住、休憩、展演及社區活動，提供極優良的空間。我們曾經見到民間戲曲在鹿港龍山寺、台南孔廟、台北孔廟及板橋林家花園演出，不論音響

及氣氛皆令人十分滿意。

　　九二一大地震帶來極大的災害,也帶來了極深的警惕,令人省思。古蹟能保存下去,都歷經多次考驗,但古蹟如同老年人一樣,它也有體力上的限度。台灣的古蹟數量本來就不多,為了尊重我們的歷史,感念先民開拓斯土之苦心,我們仍應盡全力保存與修復古蹟。整修時應多留用舊的門窗木雕與牆樑石雕,舊物所占百分比盡量提高,才能保存歷史之真。專家學者在鑑定如何修復時,一定要兼顧藝術、歷史,與安全三方面的平衡。我們熱切盼望,兩三年後,台灣中部的古蹟再度站立起來。

古蹟有生命，也有壽期

整修古蹟是近幾年來全世界都非常重視的事，有些國家因經濟貧困，他們的古蹟只要是被聯合國教育科學與文化組織列入世界級的，也都將獲得經費補助與技術支援。像中國大陸的雲南麗江古城，整座城市被列入保存的範圍，眾多古屋的修繕得到援助，但也得接受一些限制，不能隨意增建或改建。原因無他，這是人類共同的文化遺產。

在台灣，我們運用自己的資源整修古蹟，但是常常一座古樸的老廟在整修之後，顯得光鮮亮麗，美輪美奐，令人無法忍受，這毛病到底出在哪裡？有道是「整舊如舊」，或「延年益壽」。古蹟貴乎真實，假古蹟就像假骨董，無法給人真實的感受。但是無可避免的是，古蹟每整修一次，原物留用的百分比可能減少一些，歷經多次整修之後，原物愈來愈少，補充的木、磚、瓦反而增多。不修怕它倒毀，修它又怕舊物減損，頗感矛盾。

如果你到過歐洲的大教堂，發現常常圍著鷹架在整修，花十年整修是很正常的事。台灣的古蹟通常只花兩年即大功告成，相形之下難免有速食文化之譏。有人最近到淡水紅毛城參觀，發現展出珍貴的三百年前荷蘭文物，獲益匪淺。但緊

▌麗江古城中小橋河流貫穿市街，家家戶戶門前有清澈見底的河水流過，婦女臨街洗濯，猶如江南浣紗景色。

▌玉龍雪山流下來的溪水穿越麗江古城小巷，形成小橋流水的街景，是麗江的最大特色。

接著到板橋林家花園，買了門票進去卻發現處處圍籬在大整修，什麼也看不到，頗為惱火。他帶著疑惑的眼光問我，整修有什麼好看？事實上整修過程也可以教育群眾，讓人知道這古蹟有如老人，骨質脆弱，維修送診急不得。

整修之後某些樑柱或屋頂脊飾顯得華麗乃屬自然之結果，我們知道古樸的感覺要讓歲月來達成。中國自古以來對待建築的態度並不要求天長地久存在，凡是器物，就有壽期，那怕是廟口的龍柱與石獅子，雖然以堅硬的花崗石雕成，但長期接觸陽光與空氣，仍難逃氧化或風化的劫數，有朝一日龍柱變細，而石獅子變瘦了。這種不求物之永恆，實即真正洞察到物性之本質，意味著所有的事皆隨著時間而消長。如此看來，我們保護古蹟，也是本著一份文化傳承之心，盡時代之力。至於能否天長地久，恐非我們所能預料的。

▋ 巴黎聖母院為中世紀哥德式大教堂，它以《鐘樓怪人》小說的背景而家喻戶曉，歐洲教堂經常耗費數十年維修，他們以修護藝術品的態度來處理古蹟。（上圖）

▋ 雲南麗江近年來被聯合國列入世界遺產，它也常被譽為活著的古城。利用高山溶化的雪水引入城中，造成優美的市街景觀。它的建築受到嚴格的限制，不可任意改建。（左頁上圖）

▋ 中國北京的天壇祈年殿在清代曾中雷而重修，近年也常常進行維修工程，保持完美的形貌。（左頁下圖）

▋ 巴黎聖母院在1990年代有一次大修，清理鐘樓的石彫表皮受到汽車排煙的污染層。（58頁圖）

▋ 天壇祈年殿外觀為三層圓形攢尖頂，象徵天圓，內部以四支巨柱支撐上簷屋頂，以十二支巨柱支撐中簷屋頂，圓形藻井的彩畫呈現莊嚴華貴之感。（59頁圖）

1 保存新解

收藏與啟發

　　台灣的古建築裡充滿著豐富的木雕與石雕，屋脊上更有亮麗奪目的剪花與交趾陶。這些裝飾在古蹟整修過程中常常被更新，舊的文物也常流落骨董市場裡。特別是近些年來盛行民藝品收藏風，在現代住宅的門窗上鑲嵌古典木雕或家中客廳擺設一點石雕，古今對比亦是一種新鮮的設計風格。

　　有些朋友曾問過我，是因長期接觸古建築上的雕刻文物而養成收藏的嗜好？事實上我不收藏建築物上的附屬文物，總覺得這些木雕、石雕或彩瓷應該保留在建築物上面才有生命，建築物的屋脊樑架才是它們的家，一旦離開了家，有如流浪漂泊者一樣，令人心生憐憫之情。

　　當然，也有一種說法，認為收藏某種文物是鑑賞與研究的基礎。社會富裕之後，出現了許多的業餘愛好者或收藏家，提升文化品味，豐富精神生活，對社會而言是很好的。但是回顧台灣近年的情況，寺廟神像文物被盜，大宅神桌太師椅整組不翼而飛，卻是常常發生的。台中神岡的筱雲山莊正

台中豐原呂宅筱雲山莊建於清同治初年，呂氏庋藏圖書，成為中部文士嚮往之地。宅內設園林及書庫筱雲軒，至今猶存。其正廳擺設完整，木雕極優，惜太師椅及茶几在近年被盜一空。

呂宅筱雲山莊不但格局宏整，有庭園假山與水池之勝景，其建築裝飾亦具特色。圖為牆上的交趾陶獅球與瓶花，出自泉州陶藝匠師蔡騰迎之手，為研究交趾陶之重要作品。

廳的清代太師椅及茶几整套被盜賊以卡車運走，真不知這套古家具現在究竟流落何地，不知何人所「收藏」？

　　日本及歐美的骨董文物收藏界常出定期刊物，介紹鑑賞知識，並且公布被盜文物，提醒收藏家勿購贓物。我想台灣的木雕、石雕或家具收藏者應該要謹慎一些，因為古蹟的附屬文物通常都被拍了大量照片以供繪圖，有圖為證，遺失的文物不敢公開露面。

我不收藏古建築雕刻彩瓷，但卻長期注意木匠的工具，例如墨斗、鉋刀、鑿子與魯班尺等，這些古時木匠的吃飯傢伙，都是手工藝的產物。由於被電動工具取而代之，現在逐漸退出舞台了，但是它卻反映著中國古代匠師辛苦工作與智慧之結晶，常言道「無規矩準繩，何以成方圓」，工匠雖列為百工之一，他們的貢獻有如今天的工程師，值得令人尊敬。他們所用的工具功成身退，同樣值得保存。也許未來應該籌設一座台灣古建築匠師工具博物館，使後人明瞭先賢建屋之技術，體會手工藝術之精神。例如有人不知道寺廟的屋脊的曲線如何作到左右對稱，一點也不偏差。再如埃及金字塔的石塊是如何疊上去的？這些都可在博物館裡找到答案，人類文明的演進其實都是點點滴滴的智慧匯聚而成，我們可以從木匠工具中得到啟發。

▌古建築之研究不能忽略古代匠師所用的工具，規矩準繩爲四大主要工具，其中繩即指墨斗，相傳爲春秋時代魯班所發明。

▌各地的墨斗形式各異其趣，有的雕成船形，也有的雕成獅子。造形雖不同，但功能則一，具備轉輪、墨池及墨線。（右頁上圖）

▌木匠使用墨斗時，將墨繩自墨斗拉出，再彈線至木材之上，彈出直線作爲鉋鋸之依據。除了可彈出筆直的線條之外，也可技巧性地彈出曲線。（右頁下圖）

老照片彌補時代的失落

　　照相機在十九世紀中葉才出現，台灣的古蹟
最早的照片是由歐洲的探險家及基督教的傳教士
在清末所拍攝的。例如長老教會馬偕牧師在光緒
初年曾深入台灣山區原住民部落，拍攝幾張佈道
的照片，南部的西班牙神父也拍攝過高雄的前金
天主教堂。這些古老的照片中常常可以見到古蹟
的原貌。

　　我因為長期注意台灣及中國大陸的古建築，
也蒐集一些建築古照片資料。將古今照片互比
較，深深覺得滄海桑田之變化遠遠超乎人們的想
像。例如武昌的黃鶴樓，清代是一座木造樓閣，
飛簷起翹，壯麗異常。但是到了清末民初倒塌而
改建為西式紅磚樓房。直到近年大陸又將它改建
為水泥的宮殿式樓閣。台北的西門及劍潭寺早被

清末所攝的武昌黃鶴樓為一座木
造大樓閣，只有三層樓，但屋頂
的翼角很多，所謂鉤心鬥角，造
形具有華中一帶的典型特徵。

1980年代所重建的黃鶴樓，其址
與原址略異，已經不緊靠長江
邊，仍可眺望江水，符合李白詩
句「故人西辭黃鶴樓，煙花三月
下揚州，孤帆遠影碧山盡，唯見
長江天際流」。但樓閣改增為五
層。（右頁圖）

■ 台北圓山原有一座古老的劍潭寺，其創建年代更早於龍山寺及保安宮。歷經修葺，後來由名匠陳應彬改建其大殿為八角形閣樓式，在台灣可謂唯一之例。不幸在日治後期的皇民化運動時期，被勒令拆除，遷移至大直，但形貌已失。

■ 日治初期明治年間所拍攝的板橋林本源庭園觀稼樓前八角洞門老照片，圖中可見水果形漏窗，院中也有花台與大型陶製金魚缸。（左頁上圖）

■ 近年大事整修林本源庭園，面臨許多考證上的難題，所幸早期所拍攝的照片很多，可作為考證上的依據。這是根據舊照片修復的八角洞門。（左頁下圖）

日本人拆除了，如今只能在老照片中看到它們的雄姿。我為了研究古蹟，也拍攝了大量的照片，一座寺廟花十卷底片拍攝是常有的事。

一九七〇年代初相機頗為昂貴，幻燈底片也不便宜，要省吃儉用才能添購該有的設備，從小相機到大相機，陸續購買了上百架照相機，應付不同類型的古蹟。例如淡水紅毛城較高聳，為避免照片變形，就採用透視校正鏡頭。龍山寺的交趾陶高掛屋脊上，只得用五百厘米鏡頭去攝取。這些年來，累積的照片至少有十幾萬張。靜態的

照片當然不能跟古蹟的現場體驗相比,我常勸人要去實地看古蹟,不能躲在家中看書神遊。照片因為凍結的一剎那影像,它也記錄了事物很重要的特質,尤其是粒子清晰,遠非一般錄影帶所能比。因此,很仔細地觀察一張照片就成為我的嗜好。

從一張日治時期的生活照片可以看到當時的服飾髮型以及時代的表情,讓我們跨越時空體會前人的審美觀點。老照片裡的古蹟也成為今天進行整修要恢復較早原貌之重要依據。十多年前板橋林家花園整建時,我們即運用了許多老照片來繪製復原圖。九二一地震被毀的霧峰林宅將來復建,也必須運用過去所拍攝的照片才不致走樣,照片能記錄時代,也能彌補時代的失落。

▌ 一幀1970年代所攝的板橋林家花園方鑑齋戲亭照片,後來因遭颱風侵襲,戲亭倒塌了。重修時即參考這幀照片復建。注意其背景仍為低矮的磚造民房。

▌ 1990年代經過大修之後的板橋林家花園方鑑齋,圖中可見獨立的戲亭與曲折有致的棋橋與假山。可惜的是背景已經建造一排不甚協調的公寓了。

古蹟為何不能遷移

古蹟為人類的共同文化資產，一個地方是否尊重歷史與文化，從保存古蹟的態度上可以檢驗得知。中國號稱有五千年文化，但卻發生所謂文化大革命，自我摧殘祖先留下來的文物與古蹟。台灣也喜以文化立國自居，但遇到古蹟與道路衝突，或是懷疑古蹟有礙防洪，這時古蹟就岌岌可危了，古蹟往往變成犧牲品。自從台北中山橋保存論爭與台中豐原筱雲山莊是否被道路切角紛爭以來，我們常常聽到有人提出遷移古蹟的所謂兩全其美說法，這種論點似是而非，我們覺得應該正本清源提出探討。

古蹟是經過時間考驗的人類文化活動遺跡，在每個國家都屬鳳毛麟趾的少數，例如台北清真寺即是台灣唯一的阿拉伯式建築。在古蹟的背後一定有段故事，故事的組成包括人物、地點、時間與事件。所謂共同記憶，即是讓人們共享這些故事，而故事是連續不斷的。例如台北的總統府，這座建築所在的前身，在清代為林氏與陳氏家廟，日治時期被拆除，改建為總督府，戰後充為長官公署，一九四九年之後被當成中華民國在台灣的總統府。在這棟建築物辦公的歷史人物，包括歷任日本總督及兩位蔣總統等人。

這一連串的事蹟累積，成為古蹟的本質。古蹟的存在是超脫政權、黨派、族群、美醜與道德是非的。易言之，古蹟是歷史文化的目擊者，其角色有如法庭的見證人。所以古蹟被毀時，歷史

中山橋在1930年因原鐵桁架橋腐朽，改建爲鋼筋及鐵骨構造的三孔拱橋，造形融合裝飾藝術（Art Deco）及日本傳統建築之特色。橋上石燈柱以白色花崗石雕成，橋下有斗栱形式之懸臂樑，弧線造形極爲優美。

的見證也隨之消失。記得八〇年代時，桃園神社是否指定為古蹟曾引起歷史古蹟學者激烈辯論，有人說保存神社是國恥，也有人說拆除神社是湮滅日本殖民統治台灣的史實。結果桃園神社還是列入古蹟，獲得保護。它就是個歷史證物，當代無人有權操生殺大權予以剷除。

　　古蹟是否可以遷移？有人提議將中山橋遷移保存，並舉出日本明治村為例。事實上日本的古

▌中山橋始建於1901年，初名明治橋，為單孔鐵桁架構造，可通往圓山台灣神社，當時被視為神橋。附近被劃為聖域，保持自然山水地貌，景色幽雅。

古蹟新解——珍重故事的舞台

蹟文化財不能隨便遷移。日本指定了數千座古蹟，有少數價值不高的近代建築在六〇年代被拆卸，仍不忍毀棄，才重建於明治村。以台灣的古蹟條件與數量而言，目前指定者不到四百座，更不宜輕言放棄或遷移！二十年前台北市拆除林安泰古宅，後來重建於公園內，因為喪失了地點意義，且拆遷重建後新材料比舊材料多，所以至今無法被指定為古蹟。

▌中山橋在2003年以防洪理由被台北市政府拆除，基隆河上游淹水卻歸罪於它，經過計畫性切割，準備另覓他地重建，易地保存。

古蹟不會增多，只會減少，且不能複製是其特質。當一座古蹟在拆遷或整修後，舊材料變少時，歷史文化與藝術價值就稀薄了，甚或蕩然無存。台中筱雲山莊是台灣清代文人雅士的重鎮，清末台灣文士幾乎沒有不到過這座藏書家的宅園，如果因道路而切去具有歷史指標的園邸，對歷史無法交代！如何免於破壞古蹟，將考驗我們這一代人的智慧與良心！

▌筱雲山莊初建於清同治五年（1866），為清末台灣中部山莊形態宅園之代表作，反映著台灣士大夫階級的形成。它的建築格局宏整，具有高聳的門樓、半月池、花園及藏書樓。至日治時期又增建日式風格宅邸，構成有機式的成長。本圖為秀麗的門樓背面。

▌筱雲山莊篤慶堂中門，內板漆以朱、黑二色，左右牆面以交趾陶裝飾，係泉州名匠蔡氏之傑作，其作品尚可見於台灣中部其他古宅第，如神岡大夫第、潭子摘星山莊，而筱雲山莊為年代落款最早者。

2 古蹟解碼

2 古蹟解碼

古蹟是一本無字的書

有人說古蹟是文化財，古蹟是人類所共有，沒有國界之分。愛護台灣古蹟的人一定也會珍惜埃及金字塔或中國大陸的萬里長城。台灣的古蹟有許多源自福建與廣東，我們既見樹也要見林，參觀大陸的古蹟有利於更深一層瞭解台灣古蹟。我常鼓勵朋友有機會到大陸時，不妨多看些唐宋古建築，可與台灣建築互相對照印證。再有機會到日本或韓國，也不能錯過這一些著名古建築，例如韓國慶州古都及日本奈良的佛寺。

內行看門道，到底應如何來看古建築，從欣賞到鑑賞的境界的確需要一些準備的工夫。如果有當地朋友作陪，即是最幸運的，畢竟古蹟有的並非風景名勝區，如果未經介紹而臨時登門拜訪，難免有私闖民宅之嫌，造成主客的誤會。行前要蒐集當地背景資料，先讀過之後，才能在現場抓住重點。有一年我與十多位古蹟同好到福州北部去參觀民居，一種農民的房屋。到了鄉下只見綠油油的稻田，非常類似台灣宜蘭的水田，阡陌縱橫，古宅點綴其間，但卻未見有曬穀場，大家甚感納悶。

經過當地友人解釋，才知道閩東北一帶在收成季節常遇到梅雨期，稻穀如果潮濕可能發芽。於是當地百姓想出一個辦法，在住宅的屋頂上再加一座屋頂，將收割下來的稻穀鋪在夾層中間，

▌韓國文化深受中國影響，慶州附近的法住寺佛殿圍牆以磚泥砌出雙喜字樣。

▋ 韓國慶州為歷史古都，早在三國時期即為文化核心，後來在統一新羅時期成為首府，至今仍可見到許多古寺。佛國寺為韓國的國寶，它的山門有巨大的紅色博風板，氣勢磅礡。

▋ 韓國南都慶州佛國寺的鐘鼓樓，台基以巨大石條堆壘而成，並出現石栱構造，此為它處所罕見。（80頁圖）

▋ 韓國慶州佛國寺以其不對稱的雙石塔著稱，近者為方形五層塔，遠方則為造形奇特的多寶塔。（81頁圖）

藉由風力吹乾，這亦不失為一個妙法，因此所有的農宅都採「樓中樓」設計，高度比台灣的農村民宅高一倍以上，遠望過去非常壯觀。

　　除了農田生產的條件改變房屋的設計，麵食與米食的地區其廚房的設備也有一點差異。古時農戶多豢養家畜，灶作得很大，除了煮飯炒菜之外還可以煮其他菜餚或放大蒸籠。總而言之，看古宅第可以真正瞭解古代的食衣住行。

　　將古蹟當成一本無字的書籍來閱讀，走進去體會過去人類的文明成果，是很好的教材，所以可以列入學童的課程。日本的古寺每個月常有附近學童在老師帶領之下來打掃，讓小孩子從打掃勞動中體會先民的心血，我想這是值得台灣學習的。近年我們也提倡鄉土教育，但不能只限於課本，應該讓學童走出去，投入古蹟懷抱之中。

闖東北的農村民居，在屋頂上加置一層樓中樓，作爲風乾稻穀的平台，上面再搭蓋第二層屋頂，誠爲罕見。

闖東民居的木彫窗精彩絕倫，善用透彫法表現民間戲曲故事與花鳥題材。古時的孩童日日與這些藝術作品相處，從而培養美感，說明古蹟是無字之書。
（左圖）

日本京都附近宇治的平等院鳳凰堂爲中世代表性的古佛寺，它的造形有如鳳凰棲息於水池畔，屋簷飄逸有如翅，古建築的造型常常有模仿的意匠。
（左頁上圖）

日本奈良東大寺爲世界上最大的木造殿堂，它的大殿內供奉一座巨大的銅佛，近代重修屋頂時安上鎏金的鴟尾，每一片瓦也都寫上捐獻者的姓名。
（左頁下圖）

古蹟中的男女權

　　在台灣的鄉下旅行，我有許多不同的體驗，特別是如何區別閩南人與客家人的村落。向村民問路與廟口耆老攀談，當然很容易以口音判斷這閩南村或客家莊。但如果進一步從住宅的設計與生活方式來觀察，可以感受到隱藏在老台灣人內心深處的文化習俗特質。

　　一般膚淺的看法總是認為客家人保守，而閩南移民性格開放。例如清代台灣的抗清民變事件，漳泉人造反居多，而客家人常助清軍敉平事變，獲頒褒忠匾，但如果從古廟或古厝來追根溯

▌古時台灣富貴人家較重視男女空間之別，一般平民的婦女不流行纏足，她們也參加勞動生產行列。這是霧峰林家的院落，老太太坐在門前縫補衣物。（右頁圖）

▌南投竹山林宅敦本堂為二十世紀初年所建，是台灣最後一座古典宅第，它的木彫極精。本圖為門廳的太師屏風，以鏤空的雕法表現華麗之美，並具有阻隔外面視線的作用。

屏東佳冬蕭宅的中庭以八角門洞相通側院，門外以窗子遮擋，亦具有保護私密生活之作用。

台北林安泰古宅的正廳左右設有雕花格扇，俗稱爲子婿窗，它的繁密木彫可阻絕正堂與臥房的視線。（左頁圖）

源，似乎客家人繼承唐代古風較多，而閩南人承襲宋明遺俗較多。

唐代的中國婦女享有自由的生活空間，沒有嚴格禮教的束縛。至宋明時期，婦女被迫纏足，逐漸失去自由，退入深宅大院，俗謂「大門不出，二門不邁」。我們在台灣的古蹟裡看到了這種現象。例如板橋林本源的三落大宅，內部走廊拐彎抹角，以許多屏風牆遮擋視線，外來訪客不易窺探室內活動，可謂庭院深深深幾許。將婦女生活空間封閉起來，表面上似爲保護婦女，實際上是男權支配力高漲。我們到了屏東佳冬的客家蕭宅，發現完全相同的景象，大小院子相通，婦女忙進忙出，她們在清代沒有纏足惡習。客家婦女甚至與男人一樣下田工作。

如此看來，我們能說客民性保守，而閩南人開放嗎？再如寺廟，客家村莊中較常見宗祠、家

廟或三官大帝廟（祭拜天地水自然神），呈現敬天法祖之漢人傳統思想。閩南人聚落城鎮中當然也有家廟，但卻崇拜更多種類的神祇，如王爺廟、將軍廟、保生大帝廟或媽祖廟，其中不少是宋朝以後才出現的神明。以上只是簡單舉出的比較討論，從古蹟可以體會台灣先民的生活習俗與民性，參觀古蹟不能只看皮相的雕樑畫棟，要看到人的生活如何投射到古蹟身上，這是我多年的心得。

▌台灣古宅第常可見在後院築樓，作為家眷居所，或被稱為小姐梳粧樓。此為台南鹽水葉宅八角樓，古時小姐常足不出戶，終日居於小樓之上。

▌霧峰林宅景薰樓林獻堂故居，正廳左右設花瓶門可通臥室，既諧音平安門又有象徵私密空間領域之意義。（右頁上圖）

▌日本建築亦常見主僕或男女分開的空間關係，此為名古屋十州樓所見的室內屏風，用來遮擋僕人準備茶點的工作情況。（右頁下圖）

2 古蹟解碼

為長輩作功德

鑑定古蹟的年代是一門專業的學問，有些時候形同鑑定骨董，要憑經驗。台灣的古蹟年代判定，除了方志文獻的記載可靠以外，一般地方耆老的口傳史料多屬道聽途說，不可盡信。有些寺廟喜自稱開台之廟，似有拔得頭籌以奠定歷史地位之意味，例如開台天后宮、開基武廟。我們走進一座古寺廟或古厝，柱子上的聯對及門楣上的匾額也值得仔細欣賞，它們常出自當時的文士或官員手筆，各地的孔廟大成殿更是高懸皇帝所賜的巨匾。這些文字的落款常常成為鑑定古蹟創建、修建、改建或增建的考證依據。

我特別注意寺廟石雕牆垛或龍柱上的年代及捐獻者落款，因為石雕文字不易遭修改，徵信度較高，而且人名上的籍貫也顯示出這座廟背後支持者來自何處。不過卻偶爾發現有趣的現象，常常石雕上的名字並非真正出錢的損獻者。後來我詢問常替寺廟雕琢石獅與龍柱的石匠師，才知道這是一種傳統的風俗，表示父母在世時，功德作給父母，若長輩不在也可以。現存山西五台山佛光寺大殿為中國少數僅存的唐朝建築，它的捐獻者是一位婦人，但石碑及樑上所記載的功德主卻是一位不在世的朝廷重臣。

到寺廟膜拜、祈願及上香、燒金紙及至捐獻是很平常的事，自古以來凡遇興修寺廟，皆被視為慎重大事，善男信女有時不以自己的名分刻在石雕上，而將功德作給父母，這種古風從中原傳

▌ 板橋林本源的三落大厝正堂門楣上的尚義可風匾，它原懸掛於林維源所建的五落大厝。

▌ 尚義可風匾為清光緒年間因河南、山東水災，板橋林維源以其母鍾氏之名義捐款賑災，得到光緒皇帝親筆之褒獎匾額。

至台灣，而且延續至今，既然刻上了父母長輩的
姓名，就不能以為不欲人知來解釋，而是一種祈
願還願及廣積福田的想法。日本佛寺古蹟近年每
逢整修，亦常提供瓦片讓捐款者署名，一般人即
直接寫下自己的姓名，與台灣古代的風俗相較，
台灣似乎反映出孝道的觀念仍深植人心。

▌ 福建同安白礁的保生大帝廟為吳真人出生地，廟中庭有井
　 一口，湧出甘泉。人們認為井水可強身治病，常常來此汲
　 水，得其恩澤，反映著神明庇人，澤被蒼生的精神。
　 （上圖）

▌ 古宅第的供桌在節慶之日常穿上所謂桌裙，精美的刺繡與雅緻
　 的色澤，配上「金玉滿堂」四字，象徵兒孫旺盛。（左頁圖）

二十四孝故事中老萊子綵衣娛親的故事常被用於古建築裝飾之中，本圖爲黑底擂金的工藝，多用於祠堂或宅第。（上圖）

福建民居善用紅磚與青石，形成強烈的色彩對比，其中又暗藏玄機，置入吉祥聯句。（左圖）

徽州棠樾的石坊群，代表著一個家族在忠孝節義各方面的傑出表現，碑坊是一種表彰功德的紀念性建築，它記錄著善行，又讓善行教化後人。（右頁上圖）

新竹鄭用錫進士墓，墓前依大清會典之規定，樹立翁仲及石馬、石羊，表達事死如事生的思想。（右頁下圖）

名人故居

到日本看古蹟，一般人多選擇那些古老的佛寺或皇宮神社，不知道日本老百姓的住居也有列為古蹟文化財，且開放參觀。從住宅裡可以體會日本的民間文化，十多年前我有一個機會到日本奈良附近的小鄉村今井町，為的是要參觀古老的民宅。出發之前先由友人聯絡，以電話預約，告知時間與人數。

到今井町發現這是特別保護的古市街，街道兩旁多是被列為文化財的民房，但也夾雜著不少新建的民房，凡是要建新房子，其外觀要保持傳統鋪黑瓦及粉刷白牆的風格。我走進一家已經預約的民房，主人不在，但有鄰居代為接待，並且收取公道的門票款，這時我才領悟到日本人作事的嚴謹與周到。他們將住宅的一半畫出可供參觀，另一半仍有私密性，不受干擾。房子到處打掃得一塵不染，隨門票附贈一小張摺頁，介紹家族歷史與房屋的特色，裡面有許多家具如屏風仍為骨董級文物，地面有土質的，也有墊高的木板，屋樑下懸掛著一個銅質水壺，兼為燒開水及作為冬天取暖火塘之用，這種身歷其境的參觀，傳統日本人的生活方式表露無遺。

回頭看看台灣的古蹟，我們也努力地整修古蹟，但開放給民眾參觀時很少有收取門票的情形。主要原因大概是門票收入可能與平時僱人管理的支出無法平衡。另外就是我們的古蹟尚未發揮傳播知識的功能。有人說知識要付出代價才能

邱吉爾為二戰時英國首相，領導英國人度過困難的時代。他的故居至今仍保存完好，設立基金會管理及經營，屋內可見到他的書房，屋外有釣魚池，在在反映出邱翁的文學嗜好與休閒娛樂。

台中霧峰林家在清代曾有族人林朝棟官拜提督，至日治時期林獻堂領導台灣文化協會，對台灣民智之啟迪貢獻鉅大。這是林獻堂的故居，可惜大都毀於921地震。

取得，古蹟負載著太多太多的知識與資訊，包括歷史、風俗、信仰與科技等方面，如果缺乏專人導覽講解，那麼這些資訊很難傳播出來。在我的經驗裡，美國作得很好，美國人特別珍惜他們的古蹟，因為它們刻畫著美國的文化開拓史。要參觀名人故居或著名建築師萊特的作品，不但要依約定時間進入，參觀者還要分批，免得人多擁擠而破壞古蹟。

　　台灣歷史上名人的故居應多列入古蹟，胡適勸人多寫日記與傳記，為的是可以記錄時代的各種面貌，宅第反映一個家族或一個人的生活態度，近日嚴家淦故居之保存引起各界重視。我想，一個尊重歷史的時代已經來臨了，我們期待有更多的宅第列入古蹟，並收門票開放參觀，發揮社會教育之功能。

▌馬偕在1872年從加拿大抵淡水上岸開展其傳教事業，在台三十年間建立了六十間教會，並設立醫院及學校數座，功在台灣。他的故居在淡水埔頂，為一座白色拱廊的洋房，後面附建他的研究室與個人博物館。

▌日本奈良附近的今井町，是一個所謂「町並保存」的佳例，包括幾條古街與數百座民宅所圍成的聚落，它忠實地反映傳統日本十七世紀桃山文化的城鎮景觀，現在受到保護，參觀者要預約才能進入其中幾座大宅院。（右頁上圖）

▌日本今井町的十七世紀桃山時期大宅，室內的擺設包括紙門、榻榻米地板及家具都保持原貌，日本傳統建築以6尺×3尺的尺寸作為一座建築的公分母，不但構造合理化，且產生均衡的美感。（右頁下圖）

黑瓦白牆寧靜致遠

　　好奇地問古蹟仙林衡道教授為什麼他最欣賞鄉村黑瓦白牆古厝，在他夢中出現的也是這種古樸無華的厝，他陷入回憶之中說到：「我雖然出身板橋林家花園，擁有美麗的林家花園，但童年卻是在福州度過的，福州的古厝極具特色，一片片的黑瓦與白牆互相輝映，散發出來寧靜致遠的風格。相反地，台灣的寺廟裝飾過剩，流俗於巴洛克作風，沒有美感。」

　　人在童年的美好記憶很可能影響一輩子對事物的看法。古建築雖然只是點狀的分布，但是確構成了生活環境裡的重要記憶元素，現在的台灣陷入城鄉不分的困境，我們回頭看老輩畫家的畫呈現之美，如倪蔣懷的基隆、郭雪湖的台北、藍蔭鼎的宜蘭、李澤藩的新竹、郭柏川的台南、陳敬輝的淡水或馬白水的野柳等，不得不讓我們惋惜自然環境與人文氣息的快速消逝。

　　台灣如何「向上提升」而不「向下沉淪」？對策當然是多元性的。但是古蹟的保護與美好生活環境的重建，其實是一體之兩面。有人問我說，如果到處指定古蹟，建設受阻，台灣怎麼會進步？我反問說，進步是為了追求美好的與充滿自然與人文氣息的生活，如果毀了傳統，去期待一個隨波逐流的不可知的未來，結果可能兩邊落空。環視全世界的文明先進國家，沒有人不珍惜祖先的文化遺產。過去只有反智的所謂文化大革命才瘋狂地破壞古蹟文物。

▌ 福建北部多喜用巨大的山牆，牆面內部為夯土或磚石所砌，但外表則粉刷成白牆，與蔚藍的天空形成明顯對比。

▌ 福建福州舊城裡的三坊七巷是著名的古宅第集中區，其中不乏名人故居，如林則徐、沈葆楨的故居。這些大宅第都以高牆深鎖，從外只能見到高大的白粉牆。

　　當然，古蹟的存在應該是多樣性的，台灣擁
有精雕細琢的龍山寺與朝天宮，也同時擁有厚重
的鳳山與恆春城牆，更有西洋式的總統府與日本
式的桃園神社，當然也有已故林衡道老教授喜愛
的簡樸民房蘆洲李宅。我希望關心台灣的朋友應
該常常去參觀這些多樣性的古蹟，它們是遏止向
下沉淪的重要支柱。

長江流域的民居多崇尚黑瓦白牆，有如水墨畫的色調。本圖爲皖南黟縣的村莊。村中引水成池，呈現風水理論的引水界氣之說。白牆與水中倒影相映成趣，是當地普遍可見的景觀。

江南園林是文人味很濃郁的空間藝術，虛實空間變化萬千。這是網師園的一景「竹外一枝軒」，從室內望外，空間層次分明，光線明暗有序，體現寧靜致遠的境界。（104頁上圖）

蘇州西園寺內的迴廊，藉由不同方向的白牆與漏窗，透進幽暗的陽光，增添幾許詩意。（104頁中圖）

四川成都的園林長廊，以白牆與自然的樑柱構成，幾何形的圓洞門色彩極簡潔，呈現理性與感性的交織氣氛。（104頁下圖）

白牆有如一張白紙，上面所投射的陰影猶如一張水墨畫，令人有如入禪境之感。香港九龍的志蓮淨苑是一座仿唐的佛寺，宏勳法師深研佛教藝術，志蓮淨苑的空間運用中國與日本園林之原理，呈現禪境之美。（105頁上圖）

屏東恆春的城垣建於光緒初年，當時因牡丹社事件之後，清廷開始重視台灣，恆春爲南台灣重鎮，以夯土築城垣，外闢壕溝，形勢險要。這是台灣保存最完整的古城，展現著渾厚之美。（105頁下圖）

繪畫的魔力

研究古蹟常常需要繪製雕飾圖樣，例如屋頂上的寶塔及龍鳳脊飾或者牆上的獅虎麒麟。每次描繪這些有趣的動物圖像，就讓我想起童年時喜歡到處塗鴉的往事。

入小學之前，我常以粉筆在地上畫圖，地板寬廣，可以盡情發揮畫汽車與一長列的冒煙火車。這種會跑動的大機器特別能引起小孩子的興趣。小學五年級時正風行葉宏甲畫的四郎真平大

▌淡水長老教會禮拜堂外觀，這座紅磚仿哥德式的教堂爲第三代的教堂，原址即爲馬偕所建第一座教堂，至1912年由吳威廉改建一次，1932年再由馬偕兒子重建，成爲今貌。（右頁圖，李乾朗水彩作品）

▌陳敬輝是著名的傳教士馬偕的孫子。他早年負笈日本學西洋畫，後來多畫膠彩畫，1950年代起任教淡水淡江中學。他在寒暑假教導小學童繪畫。這是他在1960年所繪的淡水禮拜堂。圖中仍可見河中帆影，右邊則爲今已不存的郵局。

1960.6.
Hui

良月2001.5.20

戰魔鬼黨或哭鐵面笑鐵面，我也跟著漫畫書依樣畫，頗得同學讚賞。上初中一年級時對畫圖的興趣仍然不減，母親因而特別帶我去淡江中學向陳敬輝學畫。

陳敬輝是馬偕牧師的後人，留學日本京都的著名畫家，他擅長精細描繪的膠彩畫。在我家鄉淡水，人們尊稱他畫圖仙。我至今仍清晰地記得他對家母講的話：「小孩學畫圖，不一定要當畫家，畫圖可以培養觀察力，科學和工程師也要畫圖。」一九六〇年代初的台灣，畫家被認為是收入微薄、生活清苦的職業。陳敬輝見家母帶著小孩登門學畫頗感訝異，他以委婉而勉勵的語氣講出這句我永遠記得的話。

陳敬輝以淡水教堂為題材的速寫及水彩影響我很深，後來我在建築系任教，即建議學生要勤於素描寫生，掌握空間與形體的美感。近年來雖然電腦普遍應用，大家習慣以鍵盤思考，但我仍

▌淡水早在1629年即有西班牙人活動，後又由荷蘭人控制，建造紅毛城。至1860年代又有英國人建立領事館，傳教士及商人日增，陸續建造洋樓。因此淡水的建築文化頗富異國風味，成為畫家喜愛的題材。

▌位於淡水市郊的鄞山寺，又稱為定光佛寺，是福建汀州來的少數移民所建的古寺，汀洲人講客家話，因而鄞山寺早年亦被當成汀州會館。其建築風格模拙，石彫渾厚，為台灣建築史上之傑作。（右頁上圖，李乾朗水彩作品）

▌淡水古街的清水祖師廟，這是由泉州安溪人所供奉的寺廟，清水祖師是宋代得道高僧，圓寂後轉化為佛，廣受鄉人崇拜。淡水祖師廟在1953年曾經大修，重用石彫，其屋脊與觀音山互相輝映，亦被響為淡水名景之一。（右頁下圖，李乾朗水彩作品）

廣　告　回　郵
北區郵政管理局登記證
北台字第7166號
免　貼　郵　票

藝術家雜誌社　收

100　台北市重慶南路一段147號6樓

6F, No.147, Sec.1, Chung-Ching S. Rd., Taipei, Taiwan, R.O.C.

姓　　名：＿＿＿＿＿＿＿＿＿＿　性別：男□ 女□ 年齡：＿＿＿＿＿

現在地址：＿＿＿＿＿＿＿＿＿＿＿＿＿＿＿＿＿＿＿＿＿＿＿＿＿＿

永久地址：＿＿＿＿＿＿＿＿＿＿＿＿＿＿＿＿＿＿＿＿＿＿＿＿＿＿

電　　話：日／＿＿＿＿＿＿＿＿　手機／＿＿＿＿＿＿＿＿＿＿

E-Mail：＿＿＿＿＿＿＿＿＿＿＿＿＿＿＿＿＿＿＿＿＿＿＿＿＿＿

在　　學：□ 學歷：＿＿＿＿＿＿＿　職業：＿＿＿＿＿＿＿＿＿＿

您是藝術家雜誌：□今訂戶　□曾經訂戶　□零購者　□非讀者

客戶服務專線：**(02)23886715**　E-Mail:**art.books@msa.hinet.net**

人生因藝術而豐富・藝術因人生而發光

藝術家書友卡

感謝您購買本書,這一小張回函卡將建立
您與本社間的橋樑。我們將參考您的意見
,出版更多好書,及提供您最新書訊和優
惠價格的依據,謝謝您填寫此卡並寄回。

1.您買的書名是:＿＿＿＿＿＿＿＿＿＿＿

2.您從何處得知本書:

　　□藝術家雜誌　□報章媒體　□廣告書訊　□逛書店　□親友介紹

　　□網站介紹　　□讀書會　　□其他

3.購買理由:

　　□作者知名度　□書名吸引　□實用需要　□親朋推薦　□封面吸引

　　□其他＿＿＿＿＿＿＿＿＿＿＿

4.購買地點:＿＿＿＿＿＿＿＿市(縣)＿＿＿＿＿＿＿＿書店

　　□劃撥　　　　□書展　　　　□網站線上

5.對本書意見:(請填代號1.滿意 2.尚可 3.再改進,請提供建議)

　　□內容　　　　□封面　　　　□編排　　　　□價格　　　　□紙張

　　□其他建議＿＿＿＿＿＿＿＿＿＿＿

6.您希望本社未來出版?(可複選)

　　□世界名畫家　□中國名畫家　□著名畫派畫論　□藝術欣賞

　　□美術行政　　□建築藝術　　□公共藝術　　　□美術設計

　　□繪畫技法　　□宗教美術　　□陶瓷藝術　　　□文物收藏

　　□兒童美育　　□民間藝術　　□文化資產　　　□藝術評論

　　□文化旅遊

您推薦＿＿＿＿＿＿＿＿＿作者 或＿＿＿＿＿＿＿＿＿類書籍

7.您對本社叢書　□經常買　□初次買　□偶而買

朗2000.5.7.

朗2001.5.2

古蹟新解 ——珍重故事的舞台

朗2000.6.28

■ 台北原來只有艋舺、大稻埕、大龍峒及錫口等市街，至光緒元年設立台北府，開始籌建城池，至中法戰爭之後才完成長方形城池，並闢五座城門。其中北門至今仍保存原貌，外觀厚牆只開小窗眼，猶如碉堡，可能為防近代火砲之設計。（李乾朗水彩作品）

■ 新竹原來稱為淡水廳，在清道光年間將刺竹城改建為磚石城，設四座城門。其中東門至今仍存，門額題為「迎曦門」，迎向旭日東昇之意。（左頁上圖，李乾朗水彩作品）

■ 台南赤崁樓初建於荷蘭時期，至今已超過三百七十多年。至清末因倒塌嚴重，才由地方政府在荷蘭城座上改建三座樓閣，形式上為華式，下為荷式的混合型建築。赤崁樓前又有九座歌頌乾隆皇帝武功的龜碑。（左頁下圖，李乾朗水彩作品）

然勸導學生不要忘記靈活的雙手，尤其是欣賞台灣的古蹟時，能順手抄寫匾聯文獻，也隨手勾勒幾幅小圖，捕捉優美的曲線，那麼能為自己留下許多生活上的點滴與美好的回憶。

不久前我與助理為遠流寫了一本《古蹟入門》的書，它最吸引人的地方並非文字的敘述，我相信應該是眾多剖面的透視圖，使人能一窺裡外情景，猶如自己走進建築物裡瀏覽一遍，圖畫自己會說話，溝通能力常凌越文字之上。

學畫可以培養觀察力，近四十年前陳敬輝老師的一句話猶在耳邊。

樹旗桿立功名

中國古代的重要公共建築如衙門、寺廟之前常立著一對高聳入雲的旗桿，旗桿上端掛著方斗，斗旁斜掛著旌旗，隨風飄揚，甚為優雅壯觀。如今在台灣仍可見中南部沿海的王爺廟常立有旗桿，頗令人發思古之幽情。這裡為讀者介紹古代旗桿之由來及其所代表的意義。

在漢畫像磚的資料中未見在宮殿或門闕之前置旗桿，但魏晉南北朝之王公貴族陵前有石雕華表，其形式與後代之旗桿不同，但作為紀念性建築前面的裝飾效果是一樣的。吾人或可推測，中國古代建築前面的旗桿可能源自於華表或望柱。

唐宋時期之旗桿已經成熟，但未見實物留存下來。至明清不但實物多，且亦常見於志書記載。明朝王圻的《三才圖會》書中即有木刻之旗桿。《大明會典》中關於陵墓之制度多所規定，墓前擎天柱及石望柱依官品大小定高低。然旗桿之高低尺寸及形制卻未見規定。

明清時期旗桿之使用，分布甚廣，可見這是一種行之有年的規矩，北至滿州，南迄福建，廣東皆有旗桿，甚至台灣在清代二百多年之中，也陸續出現了一百多對的旗桿。其中現存的，立在古宅及祠堂之前的約有五十多對，立在寺廟之前的較多，應超過百座以上。

寺廟供奉神明，只要神格在王爺及將軍級以上者皆可立旗桿。然而民宅方面，按明清之規矩，只有舉人以上才獲立旗桿。因此，在台灣

▌一座清代象牙雕樓船，船上立有旗桿，象徵船主人功名崇高，可能為重臣出巡之船。本件藏於法國巴黎的博物館。（左圖）

▌傳統木彫窗可見到旗桿，上有兩個斗，分別插上方形小旗。古時在宅第之前立旗桿象徵功成名就、光宗耀祖。（右圖）

「旗桿厝」常是舉人宅第之代名詞。昔時,形容
某個村莊出幾位舉人,常說村中幾對「旗桿」。
明清開科取士,秀才再通過鄉試才能成為舉人,
在台灣建省之前,考舉人要遠渡海峽到福州應
試。中舉人之後可任官職,而國家賜舉人匾,文
舉人匾書「文魁」,武舉人匾書「武魁」。舉人雖
有文武之分,但宅第及旗桿似乎沒有區別,中舉
人家的宅第前通常可以樹立旗桿。每逢節慶時即
升起旌旗。至於旌旗如何懸掛呢?相信現代人很
難想像出來。

　　據明清方志中木刻圖及《三才圖會》中所
示,旌旗是以一根小木棒斜掛在旗桿之腰部,亦
即旌旗並非直接懸掛在旗桿頂端,這種掛旗法可

避免旗面捲入旗桿，旗面較易開展，因此，中國古代亦用之來作為觀測風向，唐玄宗時測風旗桿謂之「和風旌」，旗上飾以小鈴，當風吹動時，有如風鈴，告知風速，這是旗桿作為一種科學儀器之例。

旗桿既然象徵著威權與功名，它的構造及形式也日趨精美，在旗斗及旗杆座施以雕飾。以台灣所見為例，通常旗桿包括基座、夾桿石、旗桿本身及旗斗幾個部分。旗桿的基座為石砌的方形平台，高約三尺，它的四面通常為石雕，以琴棋書畫題材為多。平台上之中央留出一個圓孔，以便埋入旗桿。

為鞏固旗桿，在圓孔兩側有兩片夾桿石，有如筷子夾住旗桿，故俗稱「旗桿夾」。夾桿石常雕成文筆形，上端有如桃子，中央鑿方眼或圓孔，使鐵件鎖住旗桿。圓孔四周常雕以類似花瓣的浮飾，頗為簡潔雅緻。

古時獲有功名的人家，其宅第仍可見任官的執事牌，上面刻著「甲子科舉人」，說明爲甲子年中試的舉人，「儒學正堂」說明曾獲孔子廟所設學校之職務。

山西五台山爲佛教四大道場之一，山中古刹衆多，其中龍泉寺前的石雕牌樓與旗桿尤稱精美，旗桿上段置有兩個方斗爲典型作法。（左頁上圖）

台灣現在少有旗桿上掛旗幟的習俗，只有台南、高雄少數廟宇偶可見之。本圖爲澎湖白沙的廟宇，旗桿上斜掛著三角旗，仍保存古老遺風。（左頁下圖）

旗桿有木材及石材兩種作法，木材旗桿很高，氣勢雄偉，但不易耐久，台灣大部分的旗桿皆屬木製。石雕旗桿經久耐用，而且柱身尚可雕蟠龍或小獅子，形式雄渾樸拙，紀念性意味較濃。台灣現存的以台北大龍峒老師府前兩對及名士陳維英墓前之石旗桿較著名。

另外，在視覺上最引人注意的是旗桿上端的「旗斗」。旗斗高掛於旗桿上端或中央，有單斗及雙斗之分。大概較考究的使用雙斗吧！雙斗有時兩個皆爲方斗，但像大龍峒老師府之旗斗，上斗爲圓形，下斗爲方形，似有天圓地方之寓意。旗斗之下有「雀替」或「托木」支撐，也是雕飾較爲繁瑣之處。寺廟則常在旗斗四角插上小旗，隨風飄揚，頗為生動。旗斗的形式甚多，爲避免上面積雨水，大都雕鏤花紋，在清末的衙門，曾使用類似網狀之旗斗。

關於「旗斗」，有一個感人的傳說，相傳明

太祖朱元璋尚未得天下，在元覺寺當和尚。有一次在荒郊野外化緣時已數天未進食，飢寒交迫之間突然出現烏鴉啣來稻米相救。後來當他打下江山，登上皇位時，即宣告天下所有的旗斗上要定時放置稻米或五穀，以反哺烏鴉救命之恩。在台灣，我們未見有人爬上旗桿放置五穀，不過旗斗上卻常寫著「合境平安」或「四時無災」。充分顯示著人們祈福求祥之願望。

　　如果對參觀旗桿有興趣，那麼下列幾處頗值探訪：台北陳悅記老師府、宜蘭林祠、大溪李舉人宅、新竹鄭氏家廟、新竹李錫金宅、苗栗湯氏家廟、清水楊宅、鹿谷林宅、彰化馬興陳益源宅第、永靖邱氏祠堂、柳營劉宅、大內楊宅、台南陳氏宗祠及麻豆郭宅等。至於寺廟，則以嘉南平原之王爺廟及澎湖之寺廟較多。

▌家廟或宗祠之前樹立族人因獲功名而得之旗桿，為古代普遍的傳統習俗，新竹鄭氏家廟前及大龍峒老師府前，仍可見數對旗桿，本圖為福建閩西塔下村張氏家廟前所見，為數達16支旗桿。

▌閩西汀洲塔下村的張氏家廟前石彫旗桿林立，蔚然壯觀之舉。其中上斗為圓形，下斗為方形，應與天圓地方思想有關係。
（右頁圖）

競爭與合作的建築

春節期間到寺廟的人很多，如果你仔細地觀察台灣的古廟，很可能發現寺廟建築左右並不完全對稱，顯然違反了我們習以為常的經驗，認為廟宇總是對稱的。

事實上台灣被指定為古蹟的寺廟，有許多地方是左右不對稱的，台北大龍峒的保安宮即為一例。你將發現左右雕刻題材不同，雕法風格各異，甚至鐘樓與鼓樓的外形與柱子數目都不相同。到過巴黎聖母院的人都知道教堂左右鐘塔不對稱，那是不同時期增建的結果。但台灣的建築古時常出現一種稱為「對場」的建造方式，即左右各由不同地區的匠師負責，尺寸大致一樣，而細節盡可自由發揮，山節藻梲，爭奇鬥豔，有點競賽的意味。

中國古代的建築本來就有匠師各顯神通，分庭抗禮競賽的傳統，唐代吳道子在寺廟中的壁畫，常與其他畫師互別苗頭，傳為佳話，我問台灣的老匠師為什麼要採取這種競賽方式？他們認為承攬寺廟不能圍標工程，如果有超過兩家以上

▌保安宮的正殿左右差異至為明顯，它的木彫斗栱暗藏「八仙大鬧東海」題材，屋脊上的剪黏左右尺寸差異明顯，東邊出自洪坤福之手，西邊則為陳大廷所作。

▌台北大龍峒保安宮為著名的對場寺廟，1917年由名匠陳應彬與郭塔競技，除了木匠之外，屋脊剪黏陶藝亦分左右對場，注意前殿屋頂上排頭大小不同。
（右頁上圖）

▌左右不完全對稱的寺廟稱為對場作，古籍記載唐朝畫家吳道子曾與人競賽畫廟中彩畫，當為對場之濫觴。本圖為竹南中港媽祖廟，其左右石窗不同。
（右頁下圖）

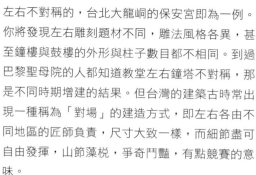

的匠師有意願承造，那麼將廟分為左右邊或前後殿，各盡所能，各展所長。通常一座寺廟落成時，廟方會象徵式的評判高下，獲得較多佳評的一方將得到獎金，這種既競爭又合作的關係頗微妙。古時常常採用這種對場的方式，廟口演野台戲，也有類似的對場，兩組戲班子卯足了勁在拉觀眾。

老匠師還告訴我說，通常年紀較長者擔任左邊，年輕一點的匠師負責右邊，合乎左大右小傳統習俗，競賽過程以不傷和氣為原則，所謂「揖讓而升，下而飲，其爭也君子」。全台屬於這種左右各異其趣的古建築很多，台北孔子廟、二重先嗇宮、士林慈諴宮、中港媽祖廟及豐原媽祖廟等，皆可以看到這種君子之爭的對場式建築，名副其實的「各擅勝場」。

▌ 不但民間建築有對場的習慣，官方建築也有其例。位於高雄的旗後砲台是清光緒初年由淮軍所建，其營門左右以磚砌成雙喜字樣，左右不同，可能為對場之結果。

▌ 福建廈門附近的白礁保生大帝廟為供奉大道公吳真人之廟宇，香火鼎盛。它也是對場之作，斗栱左右差異甚大。可見清代福建即有對場之習慣。

▌台北孔廟出自福州惠安名匠王益順之設
　計，這是他晚年的作品，大成殿有一座精
　美的八角藻井。大成門則為對場，細看其
　斗栱左右造形不同，深值玩味。

▌粵東古建築彩繪技術高超，將器物與家具
　的工藝用於建築棟架上。圖為潮州從熙公
　祠的精細彩繪。描金、泥金與擂金技巧皆
　派上用場。（右頁上圖）

▌台北龍山寺前殿屋頂上的交趾陶左右不
　同，東邊出自張添發之手，西邊出自陳天
　乞之手。兩人雖皆為洪坤福之高徒，但處
　理人物細部比例仍可見差異。（右頁下圖）

愛屋及烏──烏踏

在閩南及台灣的傳統古民宅山牆外側，常見有一條水平凸出牆壁的磚砌構造物，它的專業術語謂之「烏踏」。顧名思義，是供天上遨翔的鳥兒暫時棲息歇腳之處，究竟它果真是愛屋及烏的設施嗎？

中國古代建築之屋頂，至少在漢代即常運用飛禽類的鳳鳥及水族類的龍魚作為屋脊上之裝

台閩民居特別重視山牆之裝飾，有五行之變化，鳥踏則是由構造蛻變而出的裝飾，呈「一字平」狀之凸簷。圖為金門所見的鳥踏。

飾。閩南式的燕尾屋脊應屬於這一個淵源久遠的傳統地方風格之產物。研究中國古建築之學者普遍認為屋脊上之「正吻」、「脊獸」等可能皆是早期為加固屋瓦之構件的遺留物。無論始因如何，中國建築之裝飾大都並非只是裝飾意義，若深入追究其始因，皆為構造或結構之必然物。

因而，台灣古建築山牆上之「鳥踏」，它的原始功能及後來之演變頗引起吾人追究探源之興趣。首先，在中國北方現在仍保存著不少民居使用所謂「五花山牆」。這種山牆在上部呈現階梯式之線條，有時雖不作線條，但很明顯地將磚與石材區分出來。五台山佛光寺之廂房即為一例。這種形式為台閩地區古建築之鳥踏提供了一項「構造決定論」之證據，亦即鳥踏之出現始於山牆上半段材料之轉變。

至於為什麼山牆上半段必須改變材料？吾人知道山牆即作成五角形，它的頂部必須砌成三角形，因而下部若由石砌，至上半段若改為磚砌則較容易砌成三角形。同樣地，我們進一步可發現某些實例如山西平遙雙林寺之前殿，其山牆下部為磚砌，但上升至三角形部位時則露出木樑架結構。值得我們注意的是，梯形山牆之形狀恰與內部樑架之大駝樑及童柱之位置重合，亦即暗示著內部樑架之位置。這種對應說明了早期梯式山牆之合理性。

另外，我們在台灣看到少數實例，鳥踏呈多級階梯，其下方緊接著較低的屋頂，如龍井林宅。這種形式顯示了鳥踏的另一作用，即擋水防漏之功能。事實證明當下著毛毛雨時，凸出壁面的鳥踏果真具有雨遮之效，可減少壁面淋濕。因而，吾人認為鳥踏從構造之必然進展到一種形式

遺留的裝飾，又轉化成具有遮雨的設計，再被冠以供鳥棲息之名——「鳥踏」的過程，實即亦說明了中國古建築上各部位構件之名稱在長期演變發展過程中，造形之成熟化與功能之多樣化。

中國古代建築之屋頂喜以飛鳥題材作裝飾，反映著古人對鳥之崇敬與對屋宇之期盼。《詩經・小雅》有「如鳥斯革，如翬斯飛」形容屋簷如之張翼欲飛之狀。屋脊上置鴟吻以厭勝。我們對閩南匠師將山牆上凸出之物取名為鳥踏，期望天上的飛禽能棲息於此，其理甚明。

歸納台閩地區所見之鳥踏，其形式雖然同源，但各地之作法卻不同，可謂各異其趣。通常最常見到的是所謂「一字平」的單線條鳥踏，以二皮尺磚砌成，多見於澎湖及金門地區。其次，在水平線條鳥踏兩端各置一片雕成半邊葫蘆之裝飾，似乎有意暗示鳥踏像階梯兩側之垂帶或抱鼓石，在形式上象徵著吊起鳥踏。其次較講究一點的為將鳥踏作成三段式，中央高而兩端低，猶如

台灣南投草屯民居門樓的鳥踏，中高旁低的水平線，具有裝飾及遮水的作用。

台中大里林宅的鳥踏，馬齒線條凹凸明顯，即宋朝營造法式所稱的「疊澀」，可稱爲一種水車堵式的鳥踏。

一個梯階，此即前述之早期梯式山牆之遺留症也。這種梯式鳥踏多出現於台灣，它的形式與屋頂之坡度構成良好的對比，在美感上較勝一籌。因而廣爲台灣的寺廟及大宅第所喜用。同樣地，梯式鳥踏亦可在兩端立葫蘆形磚，以壯其觀。

當然，建築裝飾隨著時代發展，逐漸走上繁瑣之風格是不可避免的。鳥踏的最精美形式是結合水堵而成，據台灣現存實例推測，大約在清同治年間才開始出現。「水車堵」的名稱來源尚不明，也許與其呈長條形纏繞建物之牆體有關，有點像水田使用之龍骨車。水車堵具有上下兩道線腳，宋代稱爲「疊澀」，常施於密簷塔。台灣建築上大量運用水車堵乃是受泥塑及剪黏裝飾興起之影響。清道光之後，台灣的建築進入一個裝飾主義的時代，不論石雕龍柱或屋脊剪黏泥塑都較清初乾隆時期更爲複雜。台灣著名的古宅如神岡林宅、淡水忠寮李宅等皆是使用水車堵式鳥踏之早期作品。

中國山西平遙雙林寺的佛殿，歇山頂山牆包住樑柱，並且牆頂作斜肩形，以利排除雨與雪。

　　鳥踏雖然只是古建築物上一個部位之構件，但從它的起源與發展過程，我們卻深刻地了解到中國古建築長期演變中，裝飾的意義與構造的意義常常是互為因果，呈現互動的關係的。

桃園新屋民居的水車堵式鳥踏充滿了交趾陶裝飾，是鳥踏發展到最極致的形態。

2 古蹟解碼

因地制宜的番仔樓——拱廊

清末，中國的通商口岸如上海、廈門、廣州將西洋人所建的洋樓稱為「夷館」，台灣的方言稱它為「番仔樓」。番仔樓的出現事實上非始於鴉片戰爭之後，早在清初乾隆時期所建的圓明園西洋樓即已見之。廈門鼓浪嶼佈滿著番仔樓，除了各國的領事館外，遠渡南洋經商的華僑回到故鄉後，大興土木建造模仿夷館的洋樓蔚然成風，如今在鼓浪嶼仍保存著數以百計的洋樓。這種風氣也吹到金門，金門村落中常常可見突出一般民房的洋樓，它的主人即多為南洋歸來的華僑。

台灣方面的情形略有不同，台灣的番仔樓除了外人所建的領事館、洋行及傳教士住宅外，本地人所建者並非華僑身分，而是出於一種好奇與象徵進步的想法。所謂洋樓，泛指西洋人在亞洲所建的殖民式樣建築，它融合了歐洲住宅與印度熱帶建築的特色。通常外觀上最明顯的特徵是環繞建築物的半圓拱廊及屋頂的女兒牆花飾。

當然，毫無疑問的，「拱廊」的確是番仔樓予人最強烈的印象。到今

▌清末中西文化交流密切，雖有衝突，也有互惠。通商口岸夷館較多，如淡水、安平與打狗。中國大陸上海、廣州、天津亦非常普遍，連慈禧太后所建的頤和園亦出現西洋輪船形建築，內窗多施圓棋形。

▍金門地近廈門，清末隨著移民潮遠赴南洋者極多。他們在新加坡、印尼見到英國、荷蘭式洋樓之後，回到金門起造洋樓，並採中西合璧式。本圖為小金門之洋樓，雖用拱廊，仍具中式四合院布局。（上圖）

▍清光緒年間台北大稻埕對外開放通商，洋人雲集。其中有林維源與李春生從事茶葉貿易，他在淡水河碼頭邊建造數座番仔樓，作為辦公與倉庫之用，本圖為其中一座，惜近年因拓路而遭拆除。（下圖）

▍傳教士吳威廉（William Gauld）為繼馬偕之後在北部台灣對基督教貢獻甚大的人，他也擅長建築設計，在淡水建造了數座宿舍與學校。本圖為埔頂的洋樓，拱廊與瓶形欄杆為其主要特色。（右頁圖）

天的台灣建築，一些強調歐式的房地產廣告，仍然可見的拱廊。究竟古代的中國有沒有拱廊？

中國古建築以木結構為主，很少使用大量磚栱，通常城門洞只有一個而已。然而到了明朝，因燒磚技術改進，出現了較多的圓拱建築，如南京城門、五台山顯通寺無樑殿及南京靈谷寺無樑殿等。這種完全使用磚栱的建築，其內部為穹窿，高大而幽暗，只流行一個短暫時期，至清代即式微了。現在，我們所談的番仔樓是清代鴉片戰爭之後才盛行起來的，它的半圓拱較薄，可以遮擋炎熱的陽光，卻不會減弱室內的光線，因此被西洋列強在殖民地大量地使用，已經成為一種適應熱帶氣候的建築類型了！

拱廊的形再仔細分類的話，通常有半圓拱及弧形拱兩種，在鋼筋水泥尚未普遍的時代，以磚石砌橫是最有效的結構，它耐風且抗震。在十九世紀末葉，台灣的番仔樓大都使用拱廊，一則可以遮雨擋陽，另則可以強化房屋的結構。如果是二層樓的房屋，那麼一樓常作弧形拱，二樓才作半圓拱，如此可使用一樓不致太暗。

砌半圓拱的材料，有石材與磚塊，這些都是台灣生產的建材。但是依現存一些實例，大都仍運自廈門或漳泉一帶，而且工匠亦可能聘自廈門，清末的台灣商務與廈門關係甚為密切，定期有船隻來往。因此，像淡水的番仔樓所用紅磚大都來自廈門。至於匠師未見文獻記載，不過清末劉銘傳任巡撫時，建造公共建築均聘大陸匠師，甚至到本世紀初年修建北港朝天宮與台北保安宮時，有些匠師仍聘自廈門及泉州，依此推斷，這些番仔樓應出自大陸來的匠師。不過，淡水有位本地籍的水泥匠師洪泉，聽說他建造了埔頂一帶不少洋樓。

▌淡水河上游的大溪在清末因茶葉與樟腦事業發達，商店街隨之成形。在1919年前後，聘台北大稻埕名匠陳旺來與陳三川至大溪建造華麗的牌樓厝，正面山頭以洗石子作出花鳥祥獸裝飾，成為獨步全台的街道。

▌新竹舊湖口為早期劉銘傳鐵路經過之地，有足夠的條件出現商店街。在1915年前後，居民合建拱廊街，每家都設磚拱騎樓，形塑成了非常有音樂節奏感的栱廊街道。

■ 清初乾隆皇帝聘請郎世寧所設計的圓明園，其中西洋樓探石構造，並有十二生肖的噴水池。可惜後來毀於英法聯軍及八國聯軍之役，現在只剩下石雕殘柱。

■ 淡水紅毛城內的英國領事官邸初創於1870年代，至1905年再擴建，其磚工優異，據傳向廈門購紅磚，聘淡水泥匠洪泉施工，建造這座維多利亞風格的洋樓。（左頁上圖）

■ 山西五台山的顯通寺建於明朝，佛殿全以磚砌成，內部不用木樑柱，被稱為「無樑殿」，諧音為「無量殿」。它彰顯了中國傳統工匠也有能力建造以磚栱為主體結構的建築。（左頁下圖）

　　清末因建造番仔樓培養出來的泥水匠師，到了二十世紀初葉，因大稻埕（今迪化街）、大溪（今和平街）的貿易繁盛，許多商店重新翻修立面，他們正好派上用場，大顯身手，最著名的匠師如陳三川、陳旺來等皆出身台北，成為當時最有名氣的民間建築師。

　　栱廊雖然是番仔樓的象徵，但人們逐漸地接受了它，清末的市街亭仔腳與騎樓也大量地使用栱廊，至日治初期，磚產量大增，各地新建的街屋皆使用磚石構造的半圓栱，如三峽、大溪、舊湖口、新竹及台中等地。我們從半圓栱在台灣的運用，看到了歷史見證，它原是番仔樓的語言，經過近百年的時光，它進駐了每條街道，成為每個生活在台灣的人的街道經驗。

帝國風吹過台灣

一九三〇年代，已被白種人欺凌近百年的東亞人，在日本人「大東亞共榮圈」的號召下，萌生了同仇敵愾的情結；這種氣氛反映在建築上，便出現了所謂的「興亞式」建築，然而，內裡卻隱藏著日人的帝國野心……。

一九三〇年代在全世界而言，是一個充滿了激進與浪漫的時代，中國正處於左翼文學興盛而紅軍潰敗的長征時代，台灣則面臨日本右翼勢力擴張，壓抑社會運動的時代。隨著政局與意識形態的轉變，建築作為社會文化的溫度計，也必然發生明顯的變化，尤其是形式上的象徵意義被特別地突顯起來。在日本、朝鮮、滿洲以及台灣，一種呼應時代脈動的建築樣式急速興起，當時稱

▌高雄為日本南進的重要基地，在1930年代之後建設量激增，其中高雄市役所、高雄州廳與高雄火車站皆採帝國冠帽式的建築風格，外表面磚也多用淺綠色，具有防空作用。本圖為高雄市役所，現改為歷史博物館。

為「興亞式」建築！

　　「興亞式」建築並非由所有的東亞民族喊出來的，東亞在近百年來屢屢遭受西洋白種人的侵凌，或遭亡國被殖民，或遭瓜分成為次殖民地，東方文化搖搖欲墜。此時，日本人站出來，提出「大東亞共榮圈」口號，為了拯救東方文化，這個口號的確有些號召力。

　　然而事實上證明，日本軍國主義發動侵華戰爭，繼而席捲東南亞，終於暴露了帝國主義的真面目。在一九三○年代的日本，有許多藝術家受到壓迫，但也有不少為所謂「聖戰」服務的。在興亞的旗幟下，台灣也有所回應，出現了數十座接近中國風格的近代建築，這些建築物頗值得我們從省思的觀點來品評一下。

　　回顧起來，西洋近代建築登陸東亞之後，中國、日本與韓國皆出現所謂「洋樓」或「洋館」，中國人特稱之為「夷館」，有點鄙視意味。不久開始有人嘗試在洋樓之上加一座中國式屋頂，有如穿西裝戴瓜皮帽：民初的北京協和醫院

▌高雄火車站建於1940年代初，作為日本南進的港口城市。火車站原在鼓山，後來擴大都市計畫，新車站設在市區東邊，成為新的都市核心。火車站屋頂採用四坡尖頂式，並有唐博風，呈現日本天守閣之影響。

及輔仁、金陵等幾所大學校舍，皆屬中西合璧式的代表。這種建築後來甚且被視為是「中國民族形式」的一種表現手法，南京的中山陵即是里程碑之作。

然而，一九三〇年代的台灣，也出現了外觀形式中國化的近代建築，但它的背後動機卻與中山陵迥然不同。當時日本國內在「興亞」政策下，「帝國冠帽式」蔚然成風，代表作是東京軍人會館，採用日本古代城郭的屋頂。滿洲國的關東軍司令部也蓋上日本城郭屋頂。台灣方面，一九三八年落成的台北植物園內「建功神社」是顯露初期徵兆的代表作。

建功神社在台灣光復之後，改充為中央圖書館，現在仍有部分建築存在。它是奉祀日本軍人的忠烈祠，右翼色彩極為濃厚。如果我們不論它的背景意義為何，這座建築的設計者井手薰將台灣古建築的裝飾趣味用了上去，於今看來，還是

少見的「台灣本土化」的近代建築呢！

一九三一年發生九一八事變，台灣又出現一座耐人尋味的建築，位於台北新公園內一角的「放送局」（廣播電台）巧妙地運用了蘇州一帶建築的階梯形山牆，又稱為「馬頭」山牆。設計者為當時任職台灣總督府的栗山俊一氏。或謂日本人有蘇州情結，張繼的〈楓橋夜泊〉大都能琅琅上口。這座放送局今天仍健存，它的屋頂鋪著中國式的琉璃瓦，在陽光下散發著典雅的色澤。

隨著東亞情勢緊張，高雄成為南進政策的重鎮。一九三一年完成的高雄市政府與一九四○年完成的高雄火車站，達到了台灣的「興亞式」建築的高峰。它們的規模較宏大，施工技術精良，造形也趨於成熟，今天仍在使用，可讓我們走進去仔細欣賞評鑑一番。

面對這兩座壯麗宏偉的建築，望著高聳的中國式屋頂，我們可以理解為什麼在日治末期日本人發動侵華戰爭與太平洋戰爭時，在心理上，日本人極需「興亞式」建築來鼓舞他們的士氣，來滿足他們的尊榮，甚且撫慰他們的心靈了！

高雄市政府位於愛河畔，平面為長方形，內部留設天井，辦公室前後皆設置陽台及走廊，有效地適應南台灣炎熱的氣候。主要的入口設在中央，左右對稱，一派古典建築的莊嚴氣息。它的中央突出中國式的攢尖式屋頂，飛簷起翹，屋簷下又有斗栱，窗台下有垂花，說它是一座宮殿式建築並不為過。近年，高雄市政府搬入新大樓，這座「興亞式」近代建築將被規畫為歷史文物館，應是它最好的歸宿，就修改為展覽館的構想而言，已是世界潮流，廣受好評的巴黎奧塞美術館，即是從火車站改裝而成的。就高雄市的文化發展而言，極需累積歷史資產，舊市政府可列為

全台所保存最巨大的「興亞式」建築，它本身即是歷史的具體見證。

　　高雄火車站落成於日本偷襲珍珠港前夕，在這山雨欲來的時刻，一座優美的「興亞式」建築的完成，似乎意味著東方傳統式的悲切與浪漫交織的情懷。從高雄火車站的屋頂造形上，我們看到了日本喜用的「唐博風」。它的外觀結合了中國建築與日本建築的趣味，柱子頭上面也刻意作出雀替的裝飾。屋頂的和緩坡度不似明清紫禁城宮殿，反而接近唐代的屋頂。若只從建築美學來看，它無疑地是成熟精練之作。今天的新台北火車站雖然也標榜中國大屋頂，但笨重無比，與中國飛簷飄逸之美境界相去甚遠，與高雄火車站相比，則有點相形見絀了！

▌台北228公園裡的紀念館原為廣播電台，建於1931年，設計者為東京大學畢業的栗山俊一氏，他運用蘇州一帶常用的馬頭牆與一些西班牙建築的細部，兩者混合成了東方的神祕風格。

閩西土樓巡禮

福建幅員比台灣大，地形複雜，崇山峻嶺，造成交通阻隔，方言眾多。同時也形塑了各地不同風格的建築樣式，在台灣欣賞古建築，我們雖然可以看到泉州、漳州及粵東客家的建築，但閩西、閩北及閩東的建築則已無蹤跡可尋。我曾經受託研究淡水的定光佛寺「鄞山寺」，得知其為閩西永定縣的客家人所捐建之佛寺，建築風格及構造細節頗與漳泉不同，先前曾判斷道光初年初創時，應出自永定一帶客家匠師之手，為了進一步深入求證這棟台灣罕見的閩西風格古建築，終於在今年春節之後，有了一趟閩西古建築之考察旅行。除了證明鄞山寺之藝術風格來源，更得到了豐富的收穫，而其中閩西土樓，即為此行之重點。

▋閩西土樓除了圓形與方形之外，尚有不規則的多角形。方樓中以遺經樓最壯觀，它的高度以四樓及五樓為主，中央又有較低的家祠。

一九八九年冬在福州由省設計院黃漢民幫助，陪同參觀被認為長江以南最古老的木造殿堂，福州華林寺及莆田元妙觀三清殿。事後即開始計畫這次閩西土樓之旅。回台後，以我的研究同仁為主，邀集了共十位古建築愛好者於春節後出發。這次仍然麻煩黃漢民聯繫及帶路，黃君鑽研福建民居多年，並對閩西土樓頗有研究心得，一路上經他引介考察，同行皆獲益良多，在此謹表謝忱。另外，漫長的旅途中，受到漳州曾五岳及接待人士之支助，亦併誌謝。

閩西土樓，顧名思義即使用生土以夯土的技術建造出來的樓房。它的外圍牆壁使用厚達半公尺或一公尺以上之土牆，但內牆及樓層支撐結構卻多使用木頭柱樑。讓我想起中國古代謂建築之事為「土木」。能運用土與木建造這麼宏偉的集居住宅，近年來被世界上的建築專家們譽為奇觀，而漸漸地也有一些雜誌予以披露介紹。相信

閩西山多田地少，因此耕地非常寶貴，人們建造土樓多選址於山邊，並接近溪水，使生活較便利。本圖為方樓與五角形樓相鄰並置，有如城堡。

■ 閩西的圓樓數目最多,小型只有
一環,大者可達三環或是四環,
房間多可容納數百人居住,中心
則留空地,挖水井,供廚房之
用。本圖為被列入世界遺產的華
安二宜樓,作工講究,極為完
整。

未來有一天,土樓的研究將更深入而豐富,而閩
西將進一步開放為旅遊區,吸收更多的人前去參
觀。

　　土樓在外觀上,大約有五鳳樓、方樓及圓樓
等幾種形式,也有方樓將四角抹圓或呈馬蹄形之
平面。而且規模大小及直徑亦皆不同,很少有完
全相同的,因而特別吸引人們走近,欲一窺究
竟。而且,一旦你從入口進入內部,馬上又呈現
另一個世界,舉目所望皆為木結構的樓閣,眾多
的人生活在裡面,猶如另一個世界。這種為了防
禦而形成的集居建築形態,在古代有其深厚的歷
史文化與社會經濟條件。從某個觀點視之,竟頗
似今天都市中的集合住宅,兩者有異曲同工之
妙。這也是吸引人研究的原因之一。

　　關於閩西土樓之歷史發展,現在尚未明朗
化,基於交通困難,很難作地毯式之調查。同
時,各土樓之建造年代亦不易查清楚,有的門額

上存有年代落款可資引證，但大部分闕如。總而
言之，這些土樓之研究有不少領域尚待開發，而
且可以結合民族遷移史、中原與南方古代文化之
交流與融合過程史等。我相信這是一項長期的工
作，而且研究起來自然有其廣度與縱深度。

　　這次閩西土樓之考察，我特別注意到木結構
的技術。一方面可為台灣的各派別木結構作尋根
溯源，另方面我覺得如由木結構之技巧與風格著
手，或可為研究土樓之歷史演變另闢蹊徑。土樓
的厚牆雖由泥匠所作，然而經訪問居民，大木匠
師仍為設計之主匠。循木匠手法之途徑，藉以分
辨時間或空間上的差異，不失為研究中國建築史
之方法。只要時間與空間問題能清晰，那麼建造
一個歷史框架就較容易。

　　我們一行十餘人自漳州進入南靖，再進入山
區，時程緊湊，路途遙遠，身體雖疲憊，然心情
至為興奮，每在路旁發現一座土樓或合院民居

■ 華安二宜樓被列入世界遺產，它
的平面屬於單元式，即每戶人家
自己擁有廚房、天井與樓梯，私
密性較佳。中庭則提供為曬衣場
與工作之用。

有五層樓的圓樓，中央則爲方形的家祠。土樓的外牆爲夯土構造厚牆，但內部則以木樑柱爲主，可謂一種土木建築。

時，雀躍歡呼之聲不絕於耳！經船場、書洋、坎下、石橋、曲江、塔下、洪坑、湖坑、下洋、撫市、坎市、富嶺、高陂至龍岩，再北上經古田至永安，由永安再折往東南，經大田、蓬壺至泉州，再轉北至福州。

其中印象最深刻的大概是石橋的長源樓、順裕樓，古竹的承啟樓與五角樓，坎下的懷遠樓，福坑的福裕樓、振成樓，初溪的繩慶樓，撫市的永隆昌樓，上洋的遺經樓，富嶺的大夫第以及永安西洋的邢宅、西華的池宅安貞堡。其中安貞堡爲此行的最大高潮，我們從真皮的山路中行進數百公里，在山凹之間初見安貞堡，時近黃昏，斜陽投射在堡內的牆坎上，華麗與壯觀兼而有之。

總的分析比較，振成樓予人嚴謹的空間秩序感，由於落成於民國初年，施工精細，且有西洋之影響。初溪繩慶樓將眾多的木梯置於走廊外，上下頗爲複雜，予人特別之三度空間感。遺經樓

高聳而雄偉，予人渾厚大方之感。而西華的池宅安貞堡，據傳落成於清光緒十年（西元1885年），距今已有一百零五年。外表如城堡，內部實全為精緻之木構造。防禦措施設想周到，廊道四通八達。木雕風格典雅，色彩亦精雅有致，空間層次變化亦極為豐富，虛實相間，可謂福建民居之瑰寶。

此行的另一大收穫是在永安槐南附近路邊看到正舉行新屋上樑典禮，結識了老木匠，並向他詢問建屋方法。閩南的少數民族畬族分布甚廣，據史載畬族為古代瑤族之一支，明代曾被官兵征討，他們的村子裡從事木匠者甚多，我發現畬族木匠之手法有許多與泉、漳一樣。事實上，我介紹過的惠

安溪底木匠，其婦女喜著藍衣黑褲，並在腰間飾以銀飾。或許也與古代閩南少數民族有關。經過初步觀察，我覺得南方少數民族之木匠手藝很出色，他們這項工藝傳統是否得自祖先代代相授？而我大膽的推測，宋明之後，中原漢人逐漸控制了南方少數民族地區，王守仁即征服浙江瑤族，明清時期瑤族可能多操百工之業，漢人視為「形而下謂之器」的行業，遂多轉入少數民族之手。我們仔細觀察浙江民居、福建民居及雲南民居，即會發現其大作頗有共通之處。皆擅長穿斗式構造法。

木匠之承傳是一個耐人尋味的領域，以台灣而言，清代多聘自漳泉，然在日治五十年之中，台灣的木匠卻深受日本之影響，墨斗、鉋刀及鋸子多改用日式，這種技術之承傳與更替，自不容忽視。本文簡略地介紹閩西土樓所見所聞，並引伸至木匠技法之脈絡，或對有心之研究者及鑑賞者有所助焉。

▌閩西永安槐南的新建民居舉行上樑典禮，樑柱貼上紅色對聯，中樑則披以紅彩布，有些柱子上尙可見木匠的墨字。這種建屋技巧傳承千百年，是中國木匠智慧的體現。

▌圓樓可以包圍住寧靜祥和的小天地，它不但具有防禦作用，也傳達了中國古代農業社會闔族而居，敦親睦鄰的價值觀念。本圖爲閩西清溪的雙環圓樓。（左頁上圖）

▌永定的振成樓爲年代較晚的圓樓，它有兩環，外環爲三樓，內環爲二樓，欄杆受到西洋建築鑄鐵花飾之影響。（左頁下圖）

2 古蹟解碼

走訪泉州木匠師

近十幾年來我因為時常走訪台灣的古建築，足跡遍及南北城鎮。深深覺得古建築真有如一座寶山，蘊藏許多古代匠師的巧藝與智慧，令人挖掘不盡。研究之初，多只是拍些照片，寫點筆記或測繪基本圖樣。後來漸漸地，我萌生更大的願望，想探知設計建造這些建築物的匠師是誰？他們來自何處？他們是以什麼技術來完成建築呢？一連串的疑問卻很難有答案！

一九七八年我寫台灣建築史時，已經查訪出幾位清末民初活躍於台灣寺廟建築界的著名匠師，如板橋的陳應彬及來自泉州惠安溪底的王益順等。其中陳應彬的發現很偶然，先是在頂泰山巖的正殿石柱上看到他的名款，後來又在台中林家祠牆上看到一張泛黃的肖像，因而引起我繼續追尋線索，研究他木匠生涯的興趣。而王益順這位泉州名匠，他仍有孫子住在金門，年紀很老，我很幸運在一九八四年到金門拜訪他。由於有了這兩位寺廟建築大師的研究經驗，又激起我進一步探尋台灣興建傳統建築的匠師究竟還有什麼人？他們身兼建築師與室內設計師，同時也是藝術家，其生涯值得我們加以瞭解。

一九八八年四月初，我有個機會到武漢，歸途安排經過福州、泉州、廈門、漳州、汕頭及廣州，我特別想看看所謂的「唐山匠師」究竟還在幫人建寺廟否。在福州鼓山湧泉寺遇見幾位年輕的木匠，又在廈門南普陀寺前遇到幾位惠安石

▌泉州開元寺的甘露受戒壇是一座精巧的建築，平面為正方形，但屋頂轉為八角形，內部斗栱樣式繁多，各司其職，並有八角藻井，光線自斗栱空隙射入，其下供奉菩薩，樑下置華蓋，氣氛神祕而莊嚴。

▌福建泉州在宋代是世界大商港，吸引許多阿拉伯商人到此貿易駐足。泉州開元寺則是歷史悠久的佛寺，其木結構反映了閩南斗栱技術的最高峰，石柱有瓜楞線與飛天樂伎栱皆為其特色。

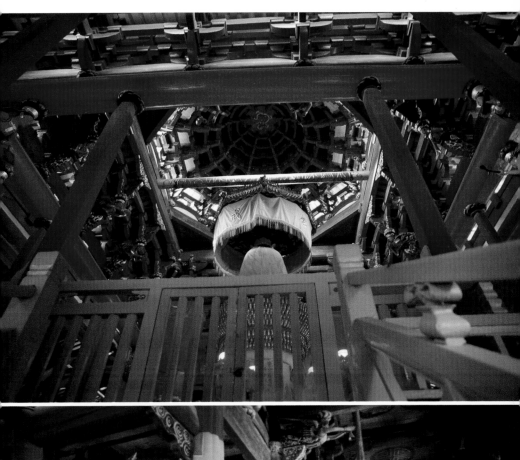

匠，年紀也很輕。心想，大概大陸上已經找不到老匠師了！至十一月中旬，獲友人告知泉州開元寺準備落架大修，我專程再到泉州一趟，終於遇見了好幾位老匠師，與他們暢談之下，對泉州一帶建廟的大木匠有個粗略的了解。

　　泉州府以前轄有晉江、南安、惠安、安溪及同安等幾個縣，其中惠安縣是著名的建築之鄉，出了許多的木匠及石匠。惠安盛產質地優良的花崗石，有「泉州白」及「玉昌湖青斗石」兩種最為著名，因而石匠輩出是很順理成章的事。然而惠安卻也出了不少傑出的大木匠師，令我百思不解，可以推測的理由是泉州在宋朝為名都大邑，佛寺寶塔極盛，有些建造寺廟的名匠在惠安落腳下來，他們的子孫繼承家業，克紹箕裘，發展至明清時期，即匯成一股流派，被人尊為惠安木匠師。而又以溪底鄉及洛陽鄉的大木匠師最出色，

▌泉州開元寺在1989年有一次落架解體大整修，將屋瓦與樑架斗栱卸下，發現中脊樑上有道光年間墨字及王姓木匠名字落款，本圖為解開後重組情形。

■ 廈門的南普陀寺的大悲殿供奉觀
世音菩薩，這座殿堂的設計建造
出自惠安名匠王益順之手，王氏
在1917年來台建造艋舺龍山寺，
名聞全台。他在1930年回廈門修
建南陀寺逝世，八角形大悲殿
為其一生最後傑作。

許多台灣的古廟即聘請他們完成的。

　　泉州承天寺，這座佛寺在文革中被摧毀大部
分，現正在重修。我見到溪底匠師王成金及王德
龍，皆六十多歲。交談之後，知道王德龍的父親
即是一九二三年隨名匠王益順至台灣建造南鯤鯓

中國各地佛塔造形不同，雲南大理崇聖寺的塔高達十七級，外廓線略帶一點曲線，造形優雅，且其白色外表與藍天形成強烈對比。

福建盛產優良的花崗石，不但民居寺廟多石造，佛塔也用石砌成，最著名的為泉州開元寺雙塔，建於宋代，它共有五級，內有階梯可登，外表出簷皆以石斗支撐，極為壯觀。

代天府的匠師王維允。基於這層關係，我竟然有他鄉遇故知的感覺，與他們談到一些關於六十多年前結隊到台灣建廟的軼事。過了兩天，王德龍匠師陪我走訪崇武古城及溪底村。崇武位於福建東部突出之海岬，在明朝時為防倭寇侵襲，乃建造雄偉高大的石城防衛，今天仍然安好存在，被列為「省級文物保護單位」，即相當於台灣所定的第二級古蹟。溪底村在崇武石城西北方，是一個人口只有一千多人的小寒村。

到了我渴望已久、想念多年的溪底村，心裡非常興奮與好奇。為什麼這個背山面海、地瘠民貧的困苦村莊，竟會孕育出許多傑出的大木匠，而且自成一派，在泉州亨有盛名。清代的台灣亦招聘不少溪底木匠抵台，留下一些精采的寺廟作品。溪底村有點像金門所見的村莊，不過近年人民生活改善，許多房子正修改為石構造，平屋頂

比兩坡落水屋頂還多。村的正中央有一座小媽祖廟，門楣上懸光緒年「龍溪福地」匾額。以前聽說有座魯班廟，卻無法尋得。媽祖廟的楹聯淺顯易解：「詭詐奸勾到廟傾誠何益，公平正直入門不拜無妨」，亦令人深思。

村中的婦女最引人注目的是她們的穿著打扮。眾所周知惠安一帶的婦女保存著一種特別的習俗，她們自少女時期即出外拋頭露面辛勤地工作，搬運粗重的石材亦不輸男工，我在採石場、石店及承天寺的工地即見惠安女在工作。她們的典型裝扮是草笠、花色頭巾、青色上衣及黑色長褲。

一九二〇年代，溪底名匠王益順率數十名匠師抵台灣，建造艋舺龍山寺、南鯤鯓代天府、新竹城隍廟及台北孔廟，他們變化多端的木造技巧，廣泛地影響台灣本地匠師。尤其是網目斗栱及結網（藻井）的技術，現在全台各地新建的寺廟幾乎都沿襲著溪底派的風格了！

在泉州城內的通淮關帝廟，我又拜訪了兩位來自惠安洛陽村的老匠師陳法水及陳瓊林，他們的木造技巧與溪底派有一點不同，最顯著的差異是束木作成捲螺形。這使我想起台灣屏東萬丹萬惠宮的作法亦如出一轍。萬惠宮為兩派匠師的對場作品，其中左邊出自唐山匠師之手，我推測極可能就是泉州洛陽村匠師。

這次走訪泉州的幾位大木匠師，令人感慨萬千。老匠師們的手藝及木造知識雖仍具有很好的水準，然而已瀕臨失傳的邊緣了，年輕匠師的工作態度很認真，沒有台灣匠師的壞毛病，但他們都是新手，對傳統木作所知有限。大陸近四十年沒有建廟及修廟工作，使這項巧藝成為絕學了。

有一位老匠師說，他本來覺得此生將不再有

古代建築多因地制宜，就地取材。在閩、粵與江西交界地帶的客家人多喜建堡形集合式民居。江西南部尤多以石材建造圍子，本圖爲著名的土圍「燕翼圍」。

使用工具的機會了，差一點就把陪伴多年的鉋子、鋸子、鑿子統統拋掉，哪裡想到近年又派上用場呢！言下之意，恍若隔世！

中國古代的建築，其設計者與施工者大部分為同一個匠師，所以許多細節作法不必繪圖，即可憑經驗施作。「設計」與「施工」分家是近代西洋建築師出現以後的事。關於匠師的訪察，是一件刻不容緩的事，現存老匠師已不多，近年來，我與幾位研究助理陸續訪問數十人，從他們那裡獲得許多寶貴的知識。今年很幸運地在福州、泉州見到幾位匠師，並且得知他們又開始了忙碌的工作，實在令人欣慰。

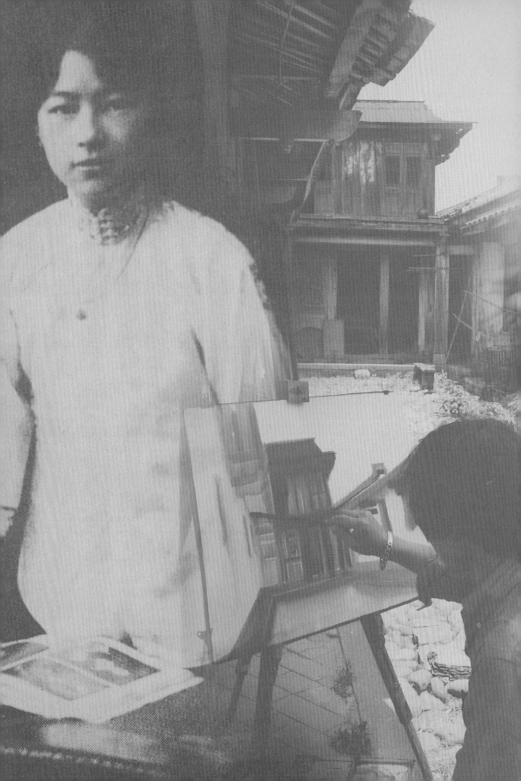

3 古蹟人物

台灣近代文明啟蒙者——馬偕

　　基督教長老教會宣教士馬偕是台灣歷史上的傳奇人物，凡是論及十九世紀末的台灣，必定不能忽視他的傳教工作。同時，馬偕也是台灣現代化過程中有重大貢獻的人物。他的影響力，從宗教擴及教育、醫療、文化等多方面，在他逝世近百年後，我們仍然看到他所辦的學校與醫院繼續發揮無窮的社會功能。而最重要的是，馬偕本身所代表的是一種奉獻台灣的典型。他的後半生三十年在台灣，娶台灣女子為妻，事業在台灣，鞠躬盡瘁之後也葬於台灣。他事實上最後成為一個台灣人，這是令人感佩的。百年後的今天，他的事蹟仍讓人津津樂道，在台灣史上實不多見也。

　　他留下的教堂、醫館、學校成為台灣寶貴的文化資產；透過這些古蹟，可以使後人追蹤他的貢獻成果，也使人體驗他的辛勤努力精神。一九〇一年他逝世之後，其家族繼續他的工作，對台灣的付出可説是整個家族皆全力投入。在台灣史上這也是罕見的，恐怕也是唯一的。今天在淡水淡江中學校園後面一角，可見到馬偕夫婦及其家族的墓園，政府特將此墓園指定為古蹟，肯定並緬懷馬偕家族對台灣的多方面貢獻。

　　馬偕博士從一八七二年登陸台灣，在台灣傳播基督教長達三十年。他的生命像蠟燭一樣燃燒，直到化為灰燼，葬在淡水。可説是一位熱愛台灣的傳奇人物。他的事業不只是宣教而已，對十九世紀末的台灣現代化腳步產生加速的作用，

■ 馬偕博士在1879年於淡水建造醫院，當時由一位姓馬偕的船長遺孀捐獻，為紀念船長故命名為馬偕醫館。醫館在中法戰爭時發揮救助傷兵的貢獻。這座建築主體為台灣式，但門窗卻融合西洋拱窗之特色。

其中以一八八二年創辦的理學堂大書院最具影響力，因為這所學校是台灣史上第一座高等學府，雖然培養的學生準備從事牧師宣教工作，但學校所授的課程與師資設備，卻與當時歐美的大學相似，訓練大學生在人格成長及專業知識上的增長，於台灣教育史上實為畫時代的創舉，也是台灣文化史上重要之里程碑。

除了教育史與文化史的重要意義外，理學堂的建築物本身即是一個瑰寶，彰顯了多方面的意義。這座紅磚的合院式建築出自馬偕博士的設計，他採行中西合璧式，既有台灣式的農宅布局，也有西洋式的結構。並且屋脊上也凸出許多尖塔狀脊飾，平凡中點綴出一種靈氣的神韻來。在台灣建築史上，理學堂也占有一頁重要地位，它呈現了十九世紀東西建築文化交流的成果。

理學堂原由淡江中學管理，後歸入淡水工商管理專校校園，近年改為真理大學。校方在理學堂內部布置馬偕史料陳列，用意甚佳。所蒐集文物亦頗珍貴，為想進一步了解馬偕宣教史的人士提供很重要史料。但校方一度排拒作測繪學術性研究，自行僱工大整修，正面女兒牆裝上琉璃花磚，與老照片明顯不符，實在不可思議。回溯近年的情況，理學堂內部陳列歷史文物確頗難得，但第二落建築物卻被拆除，添建水泥房舍，造成不可彌補的破壞，至為可惜，為台灣基督教長老教會保存歷史文物方面留下一個遺憾。台灣的古蹟及歷史建築為全民的文化資產，應有共識，不宜占為私有，其理至明。

馬偕博士的建築思想背景

馬偕為一位傑出的神學博士，他也是優秀的

馬偕在1880年回加拿大述職並募款，回淡水後於1882年建立牛津理學堂，這是台灣第一所大學。建築的形式頗具創意，平面有如傳統台灣住宅，正身左右帶護室，但屋頂凸出十字架與尖塔，它裡面容納教室、圖書室、博物標本與音樂教室。（右頁圖）

　　宣教士。在台灣傳教之餘，他也關心台灣的自然生態，在他淡水寓所後面建造一座個人的研究工作室與博物館，蒐藏許多台灣的礦石。這座小型博物館頗引人注意，據馬偕日記一八九六年十二月記載，台灣總督府乃木希典到淡水訪問他，並參觀其博物館收藏。次年元月，乃木總督派人去拍攝他的博物館典藏品。從這裡，我們可知馬偕博士對學問研究的多方興趣。

　　馬偕從一八七二年至一九〇一年在台灣北部的傳教活動中，大部分的教堂與學校建築都由他設計與督造。他並非專業的建築師，我們將透過對他的成長背景與早期經歷之理解，來探討他的建築思想。

　　加拿大從十八世紀起為英國殖民地，至一八六七年才爭取建立自治領土。所以馬偕在世時，他的著作《中西字典》，題為英屬加拿大人。

馬偕的祖籍在英國蘇格蘭北部，父親為佃農，在一八三〇年才移民到加拿大。蘇格蘭北部土地並不肥沃，農民的住宅多為粗獷的石砌構造，這種簡陋但堅實的建築精神可能是馬偕後來設計教堂的泉源。

馬偕的父母移民到加拿大安大略省牛津郡之後才生下馬偕。安大略省一帶的英國移民建築多承繼十九世紀英國維多利亞時期風格。建材多用紅磚與石塊之混合，移民初期的房舍多利用加拿大盛產的木材，牆壁以橫置圓木疊成，屋頂為加速雪水滑落，坡度很陡。為了禦寒，室內設置壁爐，有時多達兩三個壁爐，屋頂突出多根煙囪，成為外觀上主要特色。平面多呈長方形，內部隔間簡單，充分反映出移民農墾生活質樸的一面。

基督長老教會為加拿大最大的教會組織，十九世紀末的加拿大還有衛理公會、聖公會、浸信會與公理會。而長老教會對海外傳教最積極，一八七〇年代派馬偕到北台灣，一八八〇年代派遣高弗斯（Rev. Jonathan Goforth，漢名古約翰）到中國豫北成立教區。一九二〇年代派遣威廉·麥凱（William Mckay，漢名祁威林）到華南廣東一帶成立教區。

長老教會屬於歐洲宗教改革之後的新教，崇尚質樸的基督教義精神，因此所建的教堂與天主教的高聳入雲或裝飾華麗之建築大為不同。十九世紀加拿大及美國的新教教堂大都採取較平實無華的建築形式。其平面為簡單的長方形，前面設入口及鐘樓，尾端設講台，供講道者用。後面附屬幾座小屋，做為牧師宿舍。

隨著一八七〇年代加拿大基督長老教會興起的向海外傳教活動，這種質樸的教堂建築也傳到

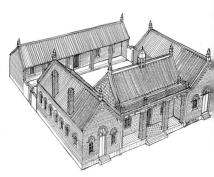

▌淡水的牛津理學堂（Oxford College）是馬偕回加拿大向故鄉居民募款所建的學校，建築設計結合了中西特色。

東亞，我們相信馬偕（1872～1901年在台灣）、吳威廉（1892～1923年在台灣）及羅虔益（1913～1924年在台灣）等所設計督造的教堂與學校繼承著這股精神。

馬偕設計的建築

十九世紀歐洲基督教向外傳教的運動中，教堂的設計成為一項特殊的工作。教堂在新地區出現成為宣教的成就指標。以當時的東亞而言，英國傳教士在新加坡、法國、越南、西班牙及菲律賓皆建造了許多宏偉的教堂。至於在列強逼迫之下的通商港埠或殖民地，如廣州、上海、青島、香港、澳門與長崎、橫濱等城市出現了不少教堂。中國內陸省分的教堂有時在所謂教案中被焚毀，無疑說明了教堂在一般人心中的象徵意義。教堂的設計在西方應為很專業的工作，例如中世紀的哥德教堂及文藝復興時代的教堂多出自著名建築師與藝術家之手，如眾所周知的米開朗基羅設計了羅馬聖彼得大教堂。十九世紀中葉西方傳教士在東亞包括中國、朝鮮與日本所建的教堂，初期多由牧師親自繪圖設計，後階段才有較專業的建築家登場。馬偕即屬於初期的代表者，而後期代表者W.M. Vorices從一九一二年起為中國及韓、日等地方的基督教會設計過不少教堂、學校與醫院。

若進一步論及馬偕的設計與後期的吳威廉、羅虔益的作品，很明顯地反映出來開創時期妥協風格。這種風格一直貫穿在馬偕建築設計之中。

馬偕童年在加拿大多倫多附近的牛津郡，青年時期曾進入美國的諾士（Knox College）及普林斯頓（Princeton）神學院，這一段美國新英格蘭

經驗之後，二十六歲的馬偕遠渡大西洋彼岸，到達英國利物浦（Liverpool）、格拉斯哥（Glasgow）及愛丁堡（Edinburgh）神學研究科深造，一八七一年四月獲悉加拿大海外宣道會已批准他的申請，年底乘亞美利加號海輪，經日本到香港，在轉至廈門，終於在一八七一年十二月底抵達台灣打狗，翌年三月九日馬偕在淡水上岸，從此開啟了他三十年的台灣北部傳教生涯。回顧他來台前這段經驗，我們推測美國東部及美國北部，尤其是格拉斯哥及愛丁堡的建築，或多或少對他後來在台灣的建築設計有所影響。

十九世紀的加拿大、美國東部與蘇格蘭受到維多利亞建築式樣的影響，所謂維多利亞建築（Victorian style）的特徵很多，形式上常模仿哥德教堂的尖栱及線腳，被稱為哥德復興（Gothic Revival），材料方面喜用紅磚，強調紅磚砌法的優美細部。這種特色是否可以在馬偕或稍後的吳威廉建築設計裡顯露出來？值得我們進一步探討。

從馬偕的著作《台灣遙寄》（From Far Formosa）、馬偕日記以及基督長老教會相關文獻，可以確定馬偕設計的建築物至少超過十四座以上，依時間先後列表如下：

一八七三年──五股坑教堂，為馬偕在台灣第一座經設計建築的教堂，但未見圖像資料留存下來，據推斷可能為簡單的兩坡頂台灣式瓦頂土牆房屋。

一八七五年──淡水教堂，其址與今天教堂相同，但依舊照片顯示，為二落的台灣式二坡頂，後落有栱廊。

一八七六年──淡水砲台埔馬偕自宅，平面呈正方形，三面栱廊，內部中央走廊，左右對稱。房間設壁爐，屋架為杉木，迴廊屋架略於

中法戰爭時，法軍犯台，登陸雞籠與滬尾。馬偕的教堂被民眾誤會而搗毀。戰後劉銘傳賠償馬偕重建，史稱「賠償教會」。本圖為最後保存的八里禮拜堂，攝於1970年，可惜近年被拆掉了，歷史證物的說明力是無法以文字取代的。

英國蘇格蘭愛丁堡Knox的教堂，馬偕1870年在此深造。

室內，因此屋頂有高低二階，壁體爲磚石構造，外表白灰粉刷。

一八七九年──滬尾偕醫館，在淡水教堂左前方，單進二坡頂，面寬三間，後面帶左右過水。正面設磚砌階梯，入口爲木造栱形門扇，窗子亦作半圓栱形，室內設壁爐。

一八八二年──理學堂大書院落成，紅磚購自廈門，平面呈四合院布局，內設中庭。入口凹進，留出兩柱，左右護室各設獨立入口。屋架爲杉木，屋坡很陡，屋脊端點飾以小塔。

一八八三年──宜蘭Glengary教堂，未留下圖像史料，可能爲簡單雙坡屋頂。

一八八四年──滬尾女學堂落成，形式與理學堂相像，平面呈四合院，但入口不設廊，左護室有獨立出入口，內有中庭。

一八八六年──中法戰爭被毀的教堂獲賠償

近年立在淡水街頭的馬偕石雕像。馬偕初至淡水傳教，飽受排斥，但隨著時間進展，人們被他的眞誠所感動。總計在他三十年宣教生涯裡建立了六十所教堂，馬偕成爲淡水文化中不可分割的部分。

而重建，共有七座，包括雞籠（基隆）、和尚洲（蘆洲）、八里坌、錫口（松山）、艋舺、大龍峒（大稻埕）與新店。這七座所謂賠償教堂，屋脊兩端皆突出小塔。其中有的在正面中央置高聳的五級尖塔，每級裝飾圖案不同，皆有其象徵意義。

上述這些建築，皆為購地興建，與最初期的租用民房不同。在草創年代裡，一座簡單的房屋，屋頂上如果安裝十字架，就是神聖的教堂。向人租地或購地的契約書，今天有些仍收藏在理學堂內的史料館。馬偕從一八七二年至一八八六年之間建造了至少十四座可以考證的建築，在台灣建築史上頗值注意，因為他的建築表現出一致的風格，也具備了獨創性，相當值得後人繼續探討研究。

馬偕的博物館

馬偕是一位傳奇式的宣教士，他的事蹟在淡水已經成為婦孺皆知的故事，在台灣近代史上，馬偕的事業與影響也占有重要的一頁，馬偕留下來的古蹟，今天已經成為台灣重要的文化資產，透過參訪古蹟，包括他所建的牛津理學堂，他的故居以及家族墳墓，足以令人緬懷這位加拿大人在一百多年前來台傳教的傳奇事蹟。

馬偕創造了許多台灣近代史上的第一，他首創台灣的高等學校，一八八二年所創牛津理學堂是培育牧師的搖籃，一八八四年首創女子學校，為台灣女子教育之始。足跡所至拍攝的一些北部風土民情照片，為目前所知台灣少數十九世紀圖像史料。

他蒐集大量台灣的礦石標本以及原住民、平埔族、漢族的文物在自己的研究室，分門別類展示，可視之為台灣第一座博物館。這座博物館的主要收藏，在馬偕於一九○一年逝世之前，他有兩次回加拿大述職的機會，大多運回捐贈給其母校的博物館收藏。經過百年後又有機緣回到台灣展出，令人備覺不可思議，那麼，他原來的博物館是否還存在呢？

據馬偕日記一八九六年十二月記載，日本第三任台灣總督乃木希典到淡水訪問他，並參觀其私人博物館的收藏。次年元月，乃木總督派人去拍攝他的典藏品。能夠引起日本當局的重視，顯然馬偕的收藏內容具有非凡的價值，馬偕是在他的住所接待台灣總督乃木希典，在這座一八八○年代所建的白色栱廊式洋房後院，目前仍保存兩座木造及磚造混合的房屋，附有迴廊及涼亭（亭近年倒塌），應該即為馬偕的工作室及收藏兼展示室。從舊照片裡，我們看到馬偕身著中式服裝，頭戴瓜皮帽，正在研究收藏品，桌旁有標本架及地球儀，十足是一間博物館的研究室模樣，從此一觀點看，現存台灣最早的一座博物館建築即為馬偕所建，且今天仍完整保存著。

至於一八八二年落成的牛津理學堂，馬偕除了作教室之外，也闢幾個房間陳列圖書、地圖、天文圖及風琴等教學用具，也展示他的台灣文物收藏。理學堂同時具備了蒐藏、研究、展示與教育之功能，更符合博物館的要件，事實上也是一座博物館。因此，馬偕在台灣所創的博物館年代至少可上溯至一八八二年，毫無疑問地，是台灣最古老的博物館，目前這兩座建築大體尚完整保存，尤彌足珍惜。

馬偕所設立的教堂建築都出自他的設計，牛

馬偕在淡水埔頂的故居，建於1876年，是一座典型的迴廊式樣，平面近正方形，中央走廊，左右各有兩間房間，三面有白色拱廊，可遠眺淡水河及觀音山景致。（右頁圖）

津理學堂亦不例外。據說他繪出設計圖時，工匠看不懂，於是他用蕃薯切成一個建築模型給工匠看，才迎刃而解。理學堂的建築融合了西洋與台灣本土建築之特色，被認為是早期中西合璧建築之傑出設計。

馬偕自己的研究室，在其住所後院，距離牛津理學堂只有一箭之遙。馬偕在過世之前，曾有一夜，臨時想到要告訴學生一些重要的事情，馬上從家中跑到理學堂敲鐘，因為兩座建築的距離其實很近。研究室的建築也屬於中西合璧式，屋頂鋪台灣紅瓦，地面亦鋪台灣常見的尺磚。迴廊使用木樑柱構造，但閣樓牆壁卻使用一種加拿大常用的雨淋板作法，將一條一條的木板相疊可以防水。這座研究室可以說結合了加拿大與台灣傳統建築的特色，也反映了馬偕遠從加拿大到台灣定居落戶，並長眠於此的真實寫照。

口傳福音的建築家──吳威廉

　　早期來台的傳教士，在台灣不僅留下了救世
福音，還以神之名，建構起許許多多各具豐姿的
教堂、教會學校和醫院。

　　基督長老教會自十九世紀進入台灣以後，就
與台灣近代歷史息息相關，甚至成為不可分割的
一部分。其原因是教會的領導人均為有識之士，
他們除了傳教的目的，也懂得如何將宗教與台灣
民間文化融合起來。對於這樣有歷史而深入社會
的宗教力量，日治時期的殖民政府開始感到不
安。在一九二〇年代，長老教會不盲目追隨日本
建築家所引進來的潮流，他們自己擁有自己的建
築路線，他們有自己的建築家！

　　在台灣近代建築早期的奠基者中，北部基督
長老教會的吳威廉（William Gauld）與羅虔益
（Kenneth Dowie）是兩位重要的設計者。他們身
兼牧師、教師與建築師，所設計的建築物包括學
校、教堂與醫院，最著名的有台北的神學院、淡
水中學及馬偕紀念醫院等。

　　由於宗教使命及對台灣的感情，這兩位加拿
大傳教士處理建築的技巧與日本建築師有所不
同。基本上，他們並不特別崇拜西洋的古典柱
式，在他們作品中幾乎不用希臘或羅馬柱頭。他
們較喜歡英國維多利亞時期的鄉間紅磚民居，這
點情結或許可以追溯到早期清教徒渡海到北美洲
開拓的歷史有關。

　　更重要的是，他們總是希望融入台灣的本土

▌ 第三代的淡水禮拜堂為1932年由
馬偕的兒子所設計建造。第一代
為馬偕所建，第二代為吳威廉所
建，俗稱白教堂。第二代則為仿
哥德式的紅磚尖塔形式，本圖背
景為淡水河，是淡水最著名的風
景之一。（右頁圖）

▌ 傳教士吳威廉（William Gauld）
是繼馬偕之後，台灣北部基督長
老教會最主要人物，他同時也是
建築師，設計許多優秀的建築。

■ 淡江中學的體育館建於1923年，由羅虔益設計。它有鋼鐵桁架的屋頂，也設有地下室，在當時屬於進步的構造。但卻融合了台灣傳統建築的屋頂山牆造形，外觀猶如一座古建築。（上圖）

■ 淡水的淡江中學由馬偕的兒子所創立，校舍主要出自吳威廉與羅虔益兩位牧師。（左頁圖）

味，例如傳統民居的屋頂山牆或花窗形式，都是他們喜愛的建築元素。淡水中學的八角塔是一個非常成熟的作品，羅虔益將中國寶塔的屋頂與西洋的鐘樓「共構」，形成一個宣言式的象徵，如果我們不健忘的話，一八八二年馬偕在淡水的牛津理學堂即是先驅式的嘗試，他將台灣民宅四合院與西式建築共構一起，成為不可分割的新形式。

吳威廉於一八九二年從加拿大到台灣，他目睹了甲午戰爭之後隔年的割台事件，予他深長的感觸。他的父親是木匠，因此他主修神學之外還學習了建築設計。一九一二年落成的台北馬偕醫院是他的代表作之一。這座醫院舊舍已經功成身

退，最近準備被拆除，殊為可惜。從史料觀點看，保存台灣史料不應只著重文字資料，像這種具體的建築物逐漸消失殆盡，未嘗不是台灣史的遺憾。

除了北部長老教會，南部的長老教會也有一些深具近代史見證價值的建築，但大都未受到保護，當代的教會領導者已經失去了歷史的品味能力了，我們深深感到惋惜。這些教會的建築與民間工匠所造的迪化街或三峽老街，可以平衡日本人在台灣的成就，如果我們不警覺，那麼就讓日本建築師專美於前了！

▌2001年馬偕逝世百週年紀念日，馬偕的孫子從加拿大專程回台灣，馬偕墓的設計模仿埃及方尖碑形式，係出自吳威廉的設計。

渡海展絕活 ── 山木匠師王益順

台灣寺廟的建築藝術風格承傳自閩南與粵東，清代多遠道向漳、泉徵聘良匠，但至二十世紀初期，日本統治台灣時，兩岸的文化往來與工藝交流不若往昔密切。台灣盛行洋式與日式建築，相對地傳統式建築逐漸式微。

一九一〇年代，台灣經濟景氣蓬勃，農民生活水準為之提高，他們為了崇敬神明而奉獻，是當時寺廟改築擴建之風背後的主要力量。例如：全台信徒最多的北港朝天宮（1910）、台北保安宮（1917）、台北龍山寺（1919）及全台最大的王爺廟南鯤鯓代天府（1925）……等，都獲得大興土木改築的機會。

台北龍山寺於1919年向泉州惠安聘大木匠師王益順來台所修建，王氏運用了許多特殊的技巧，包括藻井、天花及網目斗栱，日後成為台灣寺廟模仿的對象。龍山寺大殿在二戰中曾遭炸毀，本圖為重建之作。

由於短時間內許多大廟同時動工，匠師難求，主其事者遂動腦筋向閩南、粵東尋覓，希望能以重金徵聘一流的名匠師來台，這是一九一〇年代唐山匠師大量渡台的原因。事實上，同時期也有不少匠師遠赴南洋新加坡、馬來西亞與印尼，協助當地華僑大量建造寺廟。相反地，中國大陸卻陷入民初軍閥混戰的苦難泥沼之中，無怪乎唐山名匠寧可拋妻棄子，遠赴海外謀生了。

台北艋舺龍山寺在一九一八年醞釀大修，董事辜顯榮常與廈門方面作貿易，經由他們的關係，特聘請泉州惠安最富盛名的大木匠師王益順來台。關於王益順其人，我感到很好奇，日治時期乃至戰亂後數十年，台灣的寺廟建築幾乎沒有一座不受他的影響。為了尋求解答，我在一九八八年特別專程赴泉州惠安崇武鎮溪底村探個究竟。很幸運地，我見到了王益順的後人，包括他的媳婦與曾孫們。

溪底村位於崇武半島突出台灣海峽的尖端，是一個小寒村。王益順的家位於村中「龍溪福地」小土地公廟附近，屬於三合院的古屋。一位著名的建廟匠師所住的房子竟然是那麼低矮而狹小，真讓我有點意外。仔細觀察其故居內外，供桌上還擺著王益順的牌位。他生於清咸豐十一年（1861），十八歲時承建當時沒人敢接手的山霞青山宮而一炮成名。一九一九年，率侄兒及溪底匠師十多人抵台，開始了十多年在台建廟的生涯，他的後半生幾乎是在台灣度過的，最後建造台北大龍峒孔廟之時，還同時回廈門督造南普陀大悲殿，因積勞成疾，不幸於一九三一年逝於廈門工地，享年七十歲。

論起王益順，溪底村老一輩的人沒有不佩服的，原來溪底村從明代開始即木匠輩出，曾經出

台北龍山寺前殿的八角藻井使用如意斗栱，比一般常見的八角藻井更複雜。（右頁圖）

現許多優秀的匠師。清道光年間大修泉州開元寺時，大殿中樑之上，尚有王姓木匠的落款，於此可證這一派以王姓為主的大木匠師，至少有兩百年以上的傳承史。

王益順這位影響力深遠的大木匠師能被發掘出來，回顧起來也是機緣。早在一九七〇年代，當時彰化孔廟正準備大整修，由東海大學負責測繪圖，漢寶德主其事，我也參加了部分的工作。我經人介紹到鹿港拜訪老匠師施水龍，請他提供專業的樑柱構造經驗，從他口中得悉，一九三五年前後，他曾參加鹿港天后宮改建設計篙尺競賽，那次競賽的評審者是來自泉州的王益順。王氏勸他多建民宅，等經驗豐富之後再建寺廟。從施水龍口中，我初次知道人們尊溪底司傅益順師

的傳奇故事。

　　為了解開這個傳奇故事未解之謎，這三十多年來我數度到福建泉州一帶仔細觀察古建築，特別是王益順建造的山霞青山宮與廈門南普陀大悲殿。大悲殿是一座八角形樓閣，其基座尚刻著「民國十九年王益順」的銘文。而台灣的台北龍山寺、台北孔子廟、新竹城隍廟、鹿港天后宮、彰化南瑤宮與南鯤鯓代天府等建築，我也數度前去調查，「見其屋如見其人」，王益順匠師的寺廟技巧確實令人讚嘆，他繼承了福建數百年來所積累的大木技術精髓！

　　我常想，清代兩百多年之中，必定有不少

▋台北大龍峒孔廟是王益順繼龍山寺之後的重要作品，其大成殿內也有精緻的八角藻井，外觀莊重而典雅，上簷出現台灣罕見的斜棋，為其重要特色之。

▋台北孔廟大成殿的八角藻井，形式比龍山寺的藻井簡單，共出24組斗棋，集向頂心明鏡而成。它豐富了大成殿內的空間特質。
（右頁圖）

漳、泉、客家匠師來台一展絕藝，他們為台灣留下了豐富可貴的文化資產，但其功勞卻被埋沒了。我們不知道台南孔廟、祀典武廟或赤崁樓的匠師是誰？我們也無從考查建造台北北門或新竹迎曦門的匠師來自何地？中國古代的工匠能名留青史者如鳳毛麟角！這與西洋那些大教堂的建築師所獲得的尊崇相差太遠了！歐洲古建築的歷史資料非常豐富，像米開朗基羅設計羅馬聖彼得大教堂圓頂，是婦孺皆知的事。這也反映出中國傳統上重道輕器的思想。

　　二十世紀中期之後的社會主義革命，曾經矯枉過正地摧毀「道」而鼓吹「器」，結果得不償失，「道」上迷途了，而「器」也未必趕得上美、英、法、德、日等先進國家。我想，思想與技術應是並存且並重的，思想指導技術，而技術也反過來修正思想。從王益順的寺廟作品裡，我們或許得到這樣的反思。

▌王益順來自泉州惠安溪底村的木匠家族，村中自明代之後，陸續出了許多木匠。本圖為1920年代王益順與家人合影。

蓬萊顯身手——
台灣本土匠師掌門人陳應彬

█ 陳應彬在1912年完成北港朝天宮的大整修，奠定了他被尊爲台灣首席寺廟大木匠師的地位，朝天宮的扁形八角藻井技巧複雜而困難，是陳應彬的代表作。

在台灣調查研究古建築，最常聽見的一句話即是「這間是唐山師傅過海建造的」，言下之意，似有一些驕傲與榮譽。的確，在清代的台灣，不但匠師聘自閩、粵，甚至石材與木材也運自漳、泉。但是到了十九世紀末，發生了重大的改變，出生於台北板橋中和員山莊的陳應彬，一位了不起的建廟大木匠師，他的出現改變了唐山師傅獨當一面的局面。陳應彬的發掘也很偶然，回顧起來也是個故事。

一九六〇年代的《台灣風物》雜誌，曾有一期刊出關於板橋風土史座談會內容，其中有人提及陳應彬在明治四十年代修建過北港朝天宮，他的名氣響遍台灣南北。一個偶然的機會裡，我居然在台中市林氏宗祠的牆上看到一張發黃的照片，照片中坐著一排身著長袍馬褂的人，居中者墨字題為林獻堂，旁邊則題為陳應彬，這是我初次見到陳應彬的身影。同時心想，能夠與台灣文化啟蒙運動的先賢林獻堂並坐的人，畢竟不是等閒之輩，當年的木匠師何以可享這麼尊崇的地位？後來，我循著線索在板橋與土城訪問了陳應彬的後人，其中有的仍然從事建廟工作，從他們

▌北港朝天宮的木雕多出自陳應彬親手設計，連神轎也由他設計雕琢而成，曾得過日治時期由官方所舉辦的神輿競賽之首獎。本圖為著名的蜩龍團字「功參造化」。

朝天宮木雕窗花，以螭龍構成文
字為其膾炙人口的特色，本圖為
「德配乾坤」，每個字皆以一對螭
龍的造形構成。

口中的描述，慢慢地將陳應彬一生的建廟生涯史建構起來，我花了數年時間仔細考察陳氏所建的寺廟，最後終於將這位偉大的台灣本土木匠顯像出來。

陳應彬的父親陳井泉，清嘉慶二十四年（1819）出生於擺接堡廣福庄（今板橋積穗），共生有五子，應彬為最小的兒子。他的兄長中可能有木匠，陳應彬的長子陳己同與次子陳己元也受到薰陶，成為很好的大木匠師，三子陳和由則在日治時期進入台北工專土木科就讀，接受西式工程師的訓練。如此看來，這是一個以工程匠藝傳家的家族。

欣賞陳應彬所設計建造的寺廟,包括台北陳德星堂、中和福和宮、泰山巖、桃園景福宮、台中樂成宮及北港朝天宮等,你會發現一位大木匠師竟然也會作雕花,並且一座廟宇中的斗栱、門窗與供桌的螭龍造形自成系統,有如同一家族,神態相似。據陳應彬高徒廖石成在一九八〇年回憶時提到:「彬司」說「螭龍共有一〇八種之多!」千變萬化不離其宗,螭龍又稱為夔龍,相傳屬於龍生九子之一,台灣古建築裝飾的主角非螭龍莫屬。

陳應彬師承自何人?一直是個未解之謎,據傳其父陳井泉也是木匠,不過陳應彬曾經參加過清末光緒年間台北府城內公共建築的工程,也曾參與小南門建造,在那裡向唐山名師學得絕藝是有可能的。年輕時他曾西渡漳、泉,遍覽著名古建築。返台之後被邀請到北港主持朝天宮媽祖廟的改築,朝天宮一直被視為台灣民間所建媽祖廟的核心典型,日治初期曾被兵燹之災波及,至一九一〇年始有大修之意。陳應彬接受重責,負責改築,當時尚有唐山匠師,包括泥水匠廖伍、交趾陶匠柯訓與洪坤福師徒等參加工作,可謂兩岸名匠競技於一堂,極一時之盛也。

從一九一〇年朝天宮大修竣工之後,陳應彬聲名達到顛峰,全台眾多寺廟競相邀請他主持改築或新建之設計建造,他崇信木柵指南宮的呂洞賓,晚年常居住在指南宮。但他一生所建最多的是媽祖廟,匠界相傳他受媽祖重託,例如台中豐原、屏東、嘉義、溪北、台中旱溪及屏東東港的媽祖廟皆出自陳應彬之設計。

古代寺廟之修建,循例要請示神明,擲筊由神明指示徵聘哪一位匠師入選,陳應彬被認為是專建媽祖廟的匠師,王益順則被認為是專建王爺

▍陳應彬所設計建造的寺廟,也可見到他自己捐助的落款,包括桃園景福宮、木柵指南宮、北港朝天宮及台北陳德星堂等,皆可見到彬司捐助之名款。

▍陳應彬像,他是近代台灣寺廟建築發展過程中,新的形式的創造者。

廟祀遠移香火鎮

劉育出撰並書　陳應彬　敬獻

■ 陳應彬所用的錫製水菸斗，由其
　後人陳顯信所保存。

廟的匠師，他們獨受神明所鍾愛。欣賞陳應彬的
寺廟，不能忽視所謂「對場建」的特例，這是由
兩派匠師共同承建一座廟。有趣的是，雙方為了
競技，左右邊或前後殿的斗栱或雕刻竟然可以各
顯神通，以致有時完成後的作品差異極大，據說
競技的結果為勝方將可獲得廟方額外的賞金。最
常與陳應彬對場的匠師是新莊的吳海同，他師承
自客家師傅曾文珍。

　　就目前所調查的史料而言，陳應彬是清末崛
起的台灣土生土長的大木匠師，與道光年間嘉義
的交趾陶匠師葉王均可視為台灣本土的偉大匠
師，他們的作品雖然承自閩、粵，但卻創出屬於
自己的風格，甚至反映出台灣本島的社會、經濟
與文化的特質。例如葉王創出胭脂紅的色彩，而
陳應彬將家具常用的螭龍紋案大量運用至斗栱
上，創造出萬龍鑽動的動態風格，對近百年來台
灣的寺廟建築影響至為深遠。我認為他的寺廟作
品能尊古而不泥於古，手法洗鍊而流暢，具有鎔
經鑄史的地位。鍾愛台灣寺廟古蹟的人，不能不
知道他的事蹟。

心血留台成古蹟——
日本建築師剪影

　　不管您服不服氣，都必須接受二十世紀前半葉的台灣建築精華，大多出自日本人之手的事實，這些歷史建築，很多都已被指定為「古蹟」，但恐怕鮮有人知道，創造它們的是「誰」！

　　清代的台灣營造方面之事多仰賴大陸，匠師與材料亦多來自漳泉。遲至光緒年間，台灣才有較多的本土工匠。日治時期五十年之間，鄉下建民房多聘台灣本地匠師，但都市城鎮裡的鋼筋水泥近代建築就非傳統工法所能應付了。

　　台北州立工業專科學校（今台北科技大學）培養了台灣早期的建築技師，為民間的建築提供設計的服務。然而，大部分的公共建築幾乎均出自日本人的設計，將時光倒退六十年，我們來回顧並評介幾位最有影響力的建築設計工作者。

日本「西化派」建築師來台展身手

　　一八九六年台灣總督府即設立臨時土木部，掌理統治台灣初期的建築工作。至一九〇一年因建設需求，擴編為民政部土木局營繕課。到了一九一五年則再擴大為台灣總督府官房營繕課，任用了許多建築設計人才。這些人才大多畢業於東

京帝大，他們受到完整的西洋建築訓練，被稱為「西化派」建築家。他們自願被派到台灣來，主要的吸引力是台灣為日本初得之殖民地，有許多機會大展鴻圖。

今天，我們看到的總統府、高等法院、公賣局、監察院、省立博物館等這些精緻而宏麗的建築，到底出自何人之設計？相信很多人想知道答案。

建築隨著社會的複雜化成為一門專業的學問，建築物不可任性地存在，它要受到法規約制，尤其是都市計畫法令。日本統治期間對台灣的城市進行改造，並稱之為「市區改正計畫」，言下之意似乎認定清代的艋舺、鹿港與台南府城屬於一種放任而雜亂的城市。在都市計畫的前提

▌英人康德在明治年間受聘至日本東京大學建築科講學，培養出第一代的日本西化派建築師，日人視其為恩人，如今他的銅像仍樹立在東京大學校園內。

▌野村一郎畢業於東京大學，他是最早到台灣的日本建築師之一，位於台北公館的自來水道唧筒室為其初期代表作，採用典雅的文藝復興式，造形比例嚴謹。

下，「建築師」這個角色就出現了。

　　一九〇〇年之後，有幾位剛從東京帝大畢業的年輕建築師來到台灣，包括小野木孝治、野村一郎、近藤十郎以及森山松之助等人。他們在學校時師承英國籍的康德（Conder）教授，很自然地學了一套英式的後期文藝復興式建築設計技術。今天在東大的校園裡，尚有一座康德教授的銅像，紀念著他對日本近代建築教育的貢獻。

野村一郎：自來水博物館和國立台灣博館為其傑作

　　首先，我們談到野村一郎，他在一九〇〇年

▌近藤十郎的代表作台大醫院外觀，採用紅磚為外牆主要建材，並配以灰白色橫帶，被稱為辰野式風格，其實可遠溯得自英國 Norman Shaw 之影響。

森山松之助的建築風格傾向於高貴而華麗,他設計許多有圓頂的衙署建築。例如台北州廳、台中州廳及台南州廳等,台灣總督府最後的圖樣也出自他的潤飾。本圖為其晚年照片。(照片由其孫子森山治提供)

來到台灣,任職土木課,並接手設計了各地的政府辦公廳舍。今天台北市重慶南路的部分商店也有他的設計。現存作品中最重要的應是位於台北公館水源地的「水道唧筒室」。這座象徵台北自來水歷史的建築近年被內政部指定為古蹟,並設為自來水博物館。他的另外一件著名的作品是二二八公園內的國立台灣博物館,於一九一五年落成。當時為紀念治台初期的兒玉源太郎與後藤新平之政績而建。博物館的建築形式使用多立克(Doric)柱式,簡雅大方。它的中央屋頂為半球形(Dome),屹立館前街端點,與台北火車站遙遙相對。野村一郎在博物館入口處設計許多石階,襯托出宏偉的柱列,同時也兼為座椅,形如

看台，被認為是成功之作。

近藤十郎：台大醫院、建中、
西門紅樓為其作品

　　其次，同為東京帝大出身的近藤十郎也是日
治初期重要的建築家，曾繼野村一郎之後擔任過

台北賓館前身為總督官邸，主體
建築出自森山松之助的設計，後
院庭園具有西洋與日式園林之混
合特色，水池寬廣，樹木茂盛，
在鬧區中圍出寧靜的天地。

營繕課長。台大醫院是現存最主要的傑作，另外
建國中學與西門町紅樓劇場亦是僅存之作。他在
一九〇八年抵台灣，任職於營繕課，初期作品為
基隆郵局（台灣光復後已改建），緊接著設計第
一中學（今建中）的紅樓與西門市場的八角紅
樓，他似乎對紅磚有一種偏好，細部裝飾也頗老
練，最傑出的作品應是一九一六年完成的台大醫
院入口大廳。台大醫院（舊館）的規模宏大，但
主要的建築精華集中於門廳及兩翼，牆面上的紅
磚與洗石子結合，達到了一個技術上的高峰。

小野木孝治：台南法院為其代表作

同時參與台大醫院設計的還有小野木孝治，
他在一九〇四年即抵台，先擔任台南法院與台北
中央研究所（址在今教育部）的設計。他的作品
評價很高，數量也很多。不過在一九三一年九一
八事變後，他被派到偽滿洲國，在那裡亦設計了
一些建築物。從他的生涯，我們也看到了建築家
被御用的一面。

他在台灣最好的作品應是台南法院（今地方
法院），近年被內政部評定為古蹟。這座優美的
文藝復興式建築中央突出一座類似義大利佛羅倫
斯大教堂的圓頂，山頭下的柱列比例姣好，且使
用變體的柱子，後來總督府的柱子亦採此法，可
見其影響力頗大。

森山松之助：總統府、監察院等多處公共建築皆出自其手

說到近代建築之裝飾，有人比較台灣與日本

之差異，認為台灣較為華麗，可能受到傳統寺廟的影響。在一九〇七年抵台的森山松之助，是一位最有影響力的建築家。現存的台北賓館（總督官邸）、交通部、公賣局、監察院（原台北州廳）、台南市府（原台南州廳）、台中市府（原台中州廳）以及日治時台灣最巨大的建築總督府（今總統府）等均出自他手筆。

井手薰：半生奉獻給台灣建築，代表作甚多

　　一九三〇年代最主要的建築家為井手薰，他設計的建築已經不走文藝復興的風格了，代之而

▌井手薰在日治後期擔任最久的總督府營繕課長，他的影響力頗爲深廣，尤其是折衷主義及帝國冠帽式。本圖爲其早期作品，1915年的中山南路濟南基督長老教會。

1930年代之後日本走入軍國主義，隨之出現興亞式的建築，表現東方主體的意識。栗山俊一氏設計的台北新公園（今228紀念公園）放送電台即吸收了蘇州建築馬頭牆的特色，今天這座建築改為228紀念館。

起的是造形較簡潔的現代建築。例如台北郵局、師大校舍與禮堂、台大校舍、建功神社、高等法院、中山堂與教育會館等。井手薰擔任近二十年的營繕課長，曾提出「台灣建築地方化」的想法，對日治後期之近代建築深具影響力。他曾在日本近代建築大師辰野金吾事務所工作，一九一一年抵台，一九四五年日本戰敗前逝世於台灣，他將半生建築生涯投入台灣，也可謂鞠躬盡瘁。

　　井手薰的作品中，建功神社及高等法院可歸類於「興亞式」建築，作為當時台灣建築的領導者，他也是政策的執行者，我們對他的評價必然不能忽略這兩種角色。

中國古建築研究先鋒──林徽音

林徽音在近代中國文壇獲得肯定的地位，胡適且譽她為才女。若從建築學的角度來看林徽音與梁思成，他們是這領域的先驅，其貢獻更超越文學之上。細讀林、梁二人的建築論文，字裡行間充滿著對中國文化的熱情與信心。在一九三〇年代，他們到窮鄉僻壤調查古建築，經常遭遇許多困難，但是仍然完成了具有學術水準的研究工作。他們的研究成果奠定了後人研究的基礎，並且讓世人刮目相看，使中國建築之研究權掌握在中國學者手上。

中國藝術史之研究從十九世紀始皆由外人主導，中國古建築亦然。日本學者首先深入華北調查，清末庚子之亂後，日人伊東忠太為研究奈良法隆寺而來到華北蒐集資料，研究中國建築與日本、朝鮮之關係。伊東足跡遍及山西、陝西與河北。諸如大同的華嚴寺、善化寺，應縣木塔及五台山諸佛寺皆早在民國成立之前已由伊東忠太調查過。伊東在三〇年代中期亦來過台灣，看了板橋林家花園。

可以說，在三〇年代之前，有關中國古建築或雕刻史方面的著作，幾乎都是外文，如法國伯希和、日本大村西崖、常盤大定、關野貞及前述的伊東忠太。要探索中國建築，不但看外文書籍，也要如朝聖似的遠渡日本京都與奈良，去瞻仰法隆寺與唐招提寺。關野貞的書寫道「中國古建築正以極驚人的速度毀壞」。當時中國學者對

林徽音年輕時參加新月社，是著名的詩人文學家。她的父親林長民則是清末的革命元勳。

林徽音與其父親林長民（圖取自林洙著《梁思成、林徽音與我》）

本國文物之研究落後外人一大步，不免產生民族的自卑感。

　　事實上民初的政府文化預算很少，古蹟文物被盜時有所聞。林徽音與梁思成參加中國營造學社，係申請美國退回的庚子賠款補助作為經費，同時也廣向社會募捐，得自政府補助的很有限。在此艱難的條件下，如何在學術上與日本人競爭？林梁二人內心焦急可想而知，他們在學術上的假想敵是日本學者。

　　三〇年代初當林徽音與梁思成投入古建築研究時，誠為開中國學者以現代嚴謹方法測繪調查古建築之先河。他們的方法可能得自在美國賓州

▊ 梁思成在1933年首先對天津附近薊縣進行學術調查，以西方的實測圖方法及文獻史料考證來研究這座樓閣，終於確定這是遼代建築。是當時所發現年代最古的中國木結構建築。

▊ 獨樂寺觀音閣內為了供奉一座高十六公尺的泥塑觀音立像，古代匠師貢獻其智慧，建造中空的樓閣以容納佛像，它運用了斜撐樑的結構技術，加強建築的抗震效果。

大學所受的訓練。說到學術上的假想敵，除了伊東忠太，應屬同為東京大學出身的關野貞。關野貞在清末即來過中國，一九一九年又再度到華北調查，以當時日本優勢的國力支援，關野貞的中國建築研究成績頗為可觀。一九三一年五月關野貞與竹島卓一兩位學者到河北調查清東陵，路過薊縣時偶然發現獨樂寺觀音閣，他們將研究結果刊載於第二年八月的《美術研究》期刊上，認定這座巍峨秀麗的樓閣是中國現存最古老的木造建

▌獨樂寺觀音閣殿內供奉十一面觀音菩薩神像，神像頂上還可見八角型的藻井，有如傘狀，宋朝時被稱為陽馬式構造。

築，考證為遼代作品，舉世轟動。

事實上，梁思成與林徽音雖在一九三一年秋天計畫去調查獨樂寺觀音閣，不幸因逢日本發動九一八事變，第二年四月才成行，但梁思成撰寫的論文趕在一九三二年六月營造學社彙刊上發表，時間比關野貞還早兩個月。於此可見，當年林、梁與日本學者競賽，為奪得研究解釋權，搶先兩個月完成精闢的論文與精細的圖樣並出版，不但大大振奮了中國人的信心，減弱日人的氣燄，也開展了日後研究領先的契機。

《林徽音文集》在台灣出版，隨著「人間四月天」電視影集之播映，台灣文壇掀起一陣對三〇年代徐志摩等文人的討論。在林徽音致胡適信件中曾提到：「等他（梁）的測繪詳圖和報告印出來時嚇日本鬼子一下痛快，省得他們目中無人，以為中國好欺侮。」再如傅斯年信提及營造學社之成績，日本人「羨妒不置」。於此約略可探照出當時林徽音等人之古建築研究的確與日本人暗中較勁。林、梁二人可說是第一次打敗日本學者的中國人，雖然當時中國正苦於日本軍閥侵略之威脅。這一段古建築學術之競爭，過去一直很少人提及或注意。

林徽音才華橫溢、文筆細膩，對古建築的觀察與描述自有一絲浪漫感情之文采。她所執筆的〈由天寧寺談到建築年代之鑑別問題〉、〈平郊建築雜錄〉以及〈清式營造則例之緒論〉等文，均為中國建築學界公認之絕妙好文。她用語精準，能將深澀的建築化為人人可懂的語言。行文時有幽默妙語，例如北京天寧寺塔的年代普遍認定為隋朝，經林徽音考證斷定應為遼代，由於將塔的年齡降下來，她寫道要向天寧寺塔賠罪。

雖然在獨樂寺觀音閣的學術競賽中戰勝一回合，然而真正讓林徽音感到興奮與得意的，卻是一九三七年在山西五台山發現了比觀音閣更早的唐代佛殿。這座宏偉的佛殿早被日人常盤大定踏勘過，但他無法考證正確的年代。梁思成在一九三四年寫「清式營造則例」時，走訪請教了許多清宮老匠師，對於建築構造如斗栱樑枋細部下了不少工夫。因而運用所知木結構的特徵與文獻史料驗證，判定五台山佛光寺大殿為唐代建築。

就在林徽音與梁思成鑑定出中國境內尚存一座雄偉的唐代佛殿時，適逢盧溝橋事變爆發，日本全面侵略中國，這一巨變改寫了他們後半輩子的命運。佛光寺大殿的研究報告遲至抗戰後期才刊印出來，好不容易以克難的石版印刷於四川李

天津薊縣獨樂寺山門也是重要的古建築，它建於金代，同樣使用壯碩的斗栱與簡單的樑架，外觀造形渾厚。注意遠方有一寶塔，反應古代風水配置觀念。

山西五台山佛光寺東大殿在1937年夏由梁思成與林徽音率領中國營造學社的助手所調查而發現。它是一座唐代的古佛殿。它的斗栱奇大，並且式樣多，滿足柱頭、樑身及轉角柱的力學功能。

莊出版，不料竟是中國營造學社彙刊的終刊號了。

　　林徽音與古建築結緣，從觀音閣始，終於佛光寺，前後十多年的光景，是她一生中精力最旺盛的時期，也是從優裕轉為困苦的分水嶺。她與梁思成合撰的論述，是舊學與西學融會貫通的最佳寫照，成為中國古建築研究的經典作品。六十多年後，再來回顧這一段歷史，看他們從外人手中奪回中國古建築的研究主導權，為後人奠下理論根基，接續絕學之傳，樹立治學風範與信心，特別令人佩服。我們認為，喜愛林徽音文學的人，不能不知她的貢獻所彰顯的意義。

（編按：《林徽音建築文集》已由藝術家出版社出版）

開民居研究先河 ── 劉致平

劉致平是我尊敬的古建築學者，我初次讀到他寫的文章是一九六八年進入中國文化大學讀建築系時，當時台灣與中國大陸處於極緊張的狀態，大陸在鬧文革，台灣在鼓吹所謂文化復興運動，兩岸的學術資料交流完全斷絕。台灣有人翻印了一九三〇年代由營造學社出版的《中國建築設計參考圖集》，改稱為《中國建築設計資料集成》。這本書的內容將古建築的台基、柱礎、欄杆、斗栱、雀替及藻井等分門別類，以圖文並茂方式介紹其源流與演變，對入門者非常受用。每篇皆署名梁思成主編，劉致平編纂。這是我第一次見到劉致平的大名。

放暑假時我得到機會在王以唐建築師事務所實習，王以唐收藏了一些中國古建築的書籍。他見我對古建築有興趣，從書架上取下一本紙張發黃的《中國營造學社彙刊》第七卷第一期。後來我才知道這是很罕見的絕版書，抗戰時期在四川李莊出版，由於條件困難，只印了幾百本而已。這第七卷裡，有一篇文章讓我一讀再讀，百看不厭，那就是劉致平寫的〈雲南一顆印〉。

〈雲南一顆印〉這篇文章之所以深深吸引住我，不僅因這是出自實地田野調查的論文，所附的插圖線條優美，對古建築木結構的解析至為清楚。還有那些雲南民居，有許多特徵竟然與台灣民居有相似之處，例如燕尾式的翹脊與柱頭的斗栱。在一九九七年冬我有機會到雲南麗江時，獲

劉致平開其先河為中國民居建築之調查研究立下典範，他在1940年代深入調查雲南的少數民族民居。「雲南一顆印」式民居成為學術界沿用的名詞。麗江的民居也是劉致平首先注意並進行研究的。

劉致平是中國民居建築研究的早期先鋒，一九三〇年代即對民居進行田野調查，他的速寫和記錄極為豐富。（照片由劉康齡女士提供）

得實證，並讓我再度想起劉致平這篇印象深刻的文章。

　　真正閱讀劉致平的書則是一九七三年託人到香港購得中國建築工業出版社印行的《中國建築類型與結構》這本鉅著。裡面豐富的資料與插圖，顯示作者足跡所至之處甚廣，觀察記述無微不至。至八〇年代末可到大陸旅行時，陸續購得了坊間可見到的劉致平著作，閱後使我更加感佩，在那個困難的年代，能寫出這麼多質量優異的古建築文章，一定付出無數的犧牲才辦得到。如果他仍健在，也應該是耄耋之年了吧？

　　一九九三年八月，我經由北京中央工藝美院陳增弼教授的引介，在北京見到了劉老先生。記得那天去見他時，他躺在病榻上一直掙扎要坐起

雲南少數民族如納西族、白族與傣族等的民居建築各具特色，他們從明代之後部分受到漢族影響，建築也採用四合院。圖為大理附近金枝島的白族民居有華麗的門樓，飛簷起翹曲線流暢優美。

皖南的四合院民居格局較緊湊，空間較封閉，它的中庭極小，兼有採光與通風之功能。中庭承受雨水，所以架石橋跨過，而且為了爭取空間，多作成二層樓房，可稱為走馬樓。

來，他的女兒劉康齡拿筆給他，在送給我的《中國伊斯蘭教建築》書上簽名。後來幾年，我有機會到北京時，都去看他。不幸劉老先生在一九九八年辭世了。

劉致平是東北大學建築系第一屆畢業生，受業於梁思成，異業後曾進入童寯與陳植所創辦的華蓋建築事務所。一九三四年參加中國營造學社，從此開始了長達五十多年中國古建築的研究生涯。在艱困的環境下，調查足跡遍布大江南北，還到過新疆調查，寫出《中國伊斯蘭教建築》。劉致平初期的研究，如《中國建築設計參考圖集》，可以看出非常重視古建築的細部構造，當時這套圖集主要功能是提供建築師設計中西合璧式建築之參考。不過劉致平在學校所受的

訓練是美國系統的建築師教育，梁思成與童寯皆出身於賓州大學，受到法國藝術學院之影響，特別重視建築各部位的作法以及整體的比例，基本上屬於嚴謹的古典建築法則。對於一九三〇年代的中國而言，最感到迫切而必要解決的是以科學的系統化方法整理中國古建築，從而尋求出來屬於中國自身的古典法則。

尋求中國建築的古典法則，以法式及文獻為入門，所以當時中國營造學社設置法式部與文獻部，分別由梁思成與劉敦楨主其事。法式的研究除了宋法式及清式營造則例，另一項最主要也是最缺乏的工作即是實例的田野調查。以當時的條件而言，經費、器材及交通工具都不足，要進行廣泛而深入的大量的個例調查研究，的確不容易。

劉致平的主要貢獻即是為中國古建築作一步一腳印式的田野調查。特別是南方民居及伊斯蘭建築這兩個領域。劉致平為東北人，在一九四一年抗戰最艱苦的歲月裡，他隨中國營造學社播遷到四川李莊的鄉下，在那裡他的注意力投射到民間居住建築。從一九三〇年代以來，中國古建築的研究多著墨於年代久遠的寺廟與宮殿。而劉致平在四川卻對民居獨有所鍾，他在岷江流域走訪了十多個縣市，調查測繪二百多座各式各樣的民居，這在當時實屬創舉。在調查過程中，也訪問了所謂掌墨師，即木匠師，詳細記錄建築工法與各構件的專用術語乃至民間建屋掌故習俗，獲得寶貴的第一手史料。這是非常重要的工作。因為近代中國社會變遷劇烈，老匠師急速凋零，慢一步作口述研究，困難則增大。

梁思成在《清式營造則例》一書中即訪問了北京當時尚健存的老輩匠師，將老匠師世代相傳

湘西也有一些少數民族，土家族即為其中一支。他們的建築常依山而建，就地取材。本圖為湘西的吊腳樓，樓閣突出坡坎，欄杆懸空，故謂之吊腳樓。

的技藝記錄下來，並與書籍對照比較，理出一個
頭緒，使它成為系統化的知識。中國營造學社創
始者朱啟鈐語重心長，曾謂「兵戈不戢，遺物摧
毀，匠師篤老，薪火不傳」。建築這門學問貴乎
理論與實際結合，經驗與操作並重。劉致平在營
造學社諸位學者之中，是最早注意到民居研究的
一位。四川住宅建築的研究成果可與一九三〇年
代姚承祖所著的江南民居寶典《營造法原》相
比，皆是源遠流長的民間建築技術瑰寶，又皆屬
長江流域的建築。四川在清代曾有江南、閩、粵
及兩湖一帶大量移民入墾，所以帶進去長江中、
下游的民居建築特色。已故的水彩畫家席德進生
前醉心台灣的民間住宅與寺廟建築，並且以金門

古宅為題材畫了不少傑作。我曾問他為何沉迷台灣的古建築？他回答說，看到台灣的古宅就令他回想起小時候在四川家鄉的情景。席德進原籍四川南部縣人，南部縣位於嘉陵江上游，臨近閬中。四川民居的木結構多用穿斗式，出簷多用插栱，與台灣頗為相似。也許台灣建築有如一面鏡子，讓席德進看到了記憶中四川老家的面貌。

席德進除了開其先河研究四川民居，他也獨具慧眼探討雲南民居，《雲南一顆印》為其發表在一九四四年營造學社彙刊的著名文章，現在被公認為第一篇研究中國民居之文章，它原為一九三九年調查昆明東北鄉一帶之研究成果的一部分。《雲南一顆印》這篇文章也是劉致平親身作田野測繪之產物。對建築物的構造進行分析，並調查匠師用語及所用工具，從中國古建築研究史而言，皆屬創舉。民間建築不像官式建築有許多文獻及考古資料可徵，研究民居的方法出現得很晚，英、美及日本諸邦也都是在二次大戰後才逐漸重視民間鄉土建築之保存與調查研究。日本稱為民家，英、美稱為鄉土（Vernacular）建築。他們研究的方法仍以田野調查為第一步，先建立實例資料，訪查世代相傳的老匠師，使之成為系統化的文字紀錄。就方法論而言，劉致平在一九三〇年代及四〇年代所作的仍然具有極高的學術水平，深值吾人敬佩。

一九四九年之後，劉致平仍然不間斷建築研究工作，對現代建築在中國的發展也很關心。古建築方面，以《中國城市住宅園林簡史》與《中國建築類型與結構》這兩本書初次總結他從加入營造學社二十年來在大江南北辛勤奔忙之下的研究成果。

這兩本書的特點是資料豐富，觀察精微，立

北京紫禁城為明成祖永樂帝遷都之後大事營建而成，其格局之宏大為世界帝都所僅見。紫禁城的角樓被譽為最秀麗的建築，使用「十字歇山頂」，樓台瓊宇令人讚嘆。

論中肯，對於中國古建築予人大開眼界之感。特別是提到古今與中外之對比，古城與新的城市規畫如何並存，有讚揚也有批評。劉致平本來並非專研建築史，他所受的訓練乃是要成為一個有創造力的建築師。因此，行文之間常流露出建築設計靈巧或結構堅固乃至經濟節省等方面的要求，例如他認為古建築的偷心造斗栱，足可為現代鋼筋水泥的懸臂樑所師法，而且古建築過於繁瑣細碎的斗栱，失去結構作用，呈趨向衰退的現象。這種想法普遍存在於第一代的中國建築學者心中。不過，我們認為劉致平在字裡行間常常不忘建築的民族形式問題。

　　建築做為一個國家的文化象徵，它就存在著時代與地域的特質，亦即時間與空間交織而成的風格問題。古時交通不便，不但各國交流有限，甚至一國之內受山岳阻隔，氣候風土各異，其建築風格亦互有別。在中國營造學社努力耕耘的年代，他們眼見中國古建築受到摧殘日速，而當時中國國勢積弱，無法與外力抗衡，營造學社諸君子內心萌生以學術研究興邦之心，這是很值得敬佩的。劉致平所關心的，是現代建築如何從中國傳統裡汲取精華？如何溫故知新？如何截長補短？如何靈巧地結合東西文化？這一連串的問題，至今五十多年，其答案仍在海峽兩岸的有心建築人們努力追尋之中。

　　劉致平另一創舉是調查研究中國的伊斯蘭建築，回教建築在三〇年代尚未受到中國學者注意。一般人心目中所認定的中國建築只限於漢族的，反而忽略了其他族或少數民族的建築文化。劉致平並非回族或維吾兒族，但從三〇年代即開始調查研究清真寺，當到四川後也不間斷，曾調

北京天壇為明清兩代皇帝祭天之所，祈年殿為圓形，象徵天，而圜丘為露天的三層圓台，直接承接天地。本圖為圜丘的牌坊門，形式沿襲自唐代烏頭門，孔廟櫺星門亦常用之。

查過成都清真寺，研究之後得到一個結論，外來
形式的建築最後將會融入中國建築之特性。如果
從佛塔傳入中國後，不出數百年即蛻變為中國式
佛塔的前例來看，這樣的結果是很可能的。不過
劉致平尚未解析「終必華化」的原因。研究中國
建築很重要的是應從中國的立場與觀點來開展視
野，一九三〇年代營造學社成立之前，研究權落
在日本學者及西洋學者手中，他們研究的成果有
其貢獻，但缺乏從中國人生活層面的文化基礎去
評價中國建築。近百年來，西洋諸邦的擴張與殖
民主義，實際上以西洋的觀點來支配這個世界，
以西洋為中心，而有所謂近東、中東與遠東。中

國建築如果淪為所謂遠東的建築，追究其因，乃是研究權旁落，知識非由自己所創造，知識掌握在權力擁有者手中。

「外來建築影響中國」與「中國建築吸收外來建築」，這是兩種不同的態度，前者為被動，後者才是主動。營造學社的前輩學者在人力與物力欠缺下奪回了中國建築之研究權，使世人正確且深入地了解中國建築與文化。從劉致平的著作裡，我們不時見到他對中國文化的熱愛與關懷，對中國建築未來發展的殷切期盼。例如他認為唐代建築的標準化比現代早了一千多年，明清北京城規畫勝過同時期其他封建國家的都城，這些評斷都有理論根據的。

從一九八〇年代後期以來，中國傳統民居的研究蔚然成風，中國大陸及台灣皆成立民居研究會，定時舉辦學術活動。民居是廣大人民生活方式之見證，民居研究可以增進對城鄉平衡之了解，甚至化解地域之對立。中國建築歷史悠久，體制精宏，在人類文明發展史上具有重要貢獻。古建築是人類共同文化遺產，保護古蹟已是世界潮流且天經地義的事，劉致平在中國建築領域之研究用力之勤，在他同輩及後輩學者中很難有能望其項背者。他的研究成果歷久彌新，被公認為古建築文化資產保存推動之先驅人物。

他的著作反映出他的治學方法，即田野調查與史籍文獻並用。他首先調查研究雲南及四川的民居，而中國的伊斯蘭建築研究也由他開創一片天地。英國李約瑟研究中國科技史時，即注意到劉致平的學術貢獻，給予高度肯定，我們細讀劉致平的著作，常會發現在考證與分析的文字背後，帶著濃厚的民族情感，他的心中永遠懷著虔敬而謙虛的態度來推崇中國古代建築文化。

台灣古蹟仙──林衡道

▌ 林衡道多年提倡認識古蹟，鼓吹古蹟保護運動，功不可沒。他童年曾居住在福州，對當地白牆為主的建築印象深刻，也形鑄了日後他對古建築審美評價的準則。本圖為1983年到基隆勘查二沙灣砲台所攝照片。

　　回顧這二十多年來，我從林老師那裡得到許多觀念的啟迪與視野的開拓。可以說，受教於林老師之處多多。因此我稱呼林衡道教授為林老師，我自認為是林老師的學生。雖然林老師常叫我李先生或李教授，但我不敢承受，也承受不起，我跟許多經常聆聽他帶隊參觀台灣古建築的人士一樣，對他尊敬有加。

　　初次見到林老師是一九七一年冬，在文化大學唸書時，一個偶然機會知道淡江大學歷史系舉辦淡水古建築踏勘，自由參加。於是我就約了幾位建築系的同學跟在隊伍後面。當時，我雖然開

始摸索一些古建築資料，但終究非常有限。林老師在《台灣文獻》上長期發表的文章，我早先已經蒐集，並精讀林老師的兩本著作。那一次踏勘，居然能直接看到作者，並且聽他現場講解，心中著實雀躍不已！

　　寫本文時，腦海中立刻現出當時林老師一馬當先健步行走的模樣。這二十多年來，林老師的腳步依然很穩健，記憶力仍然驚人，能夠如數家珍地講述鄉土民俗事物，人的經歷本身即是知識，林老師經歷過複雜而多變的台灣近代史，他的家世背景也影響到他為人處世及學術立場等方面。因此，對古蹟的認定標準，林老師有他一貫的看法，雖然不免與別人相左，但他仍然寬宏大量，能接受不同的觀點。我想，這種胸懷或許與他有經濟史學及社會學方面的素養有關，他看問題不在小節處打轉，往往從宏觀處著眼。

　　也因為這樣，我喜歡找林老師聊天，每次想

■ 林衡道出身板橋林本源家，聞名海內外的台灣富戶，他對林宅的建築卻不太欣賞，謂之裝飾過多或粗糙俗氣。林宅包括三落、五落大厝及花園，1980年代初五落大厝因被劃為商業區而遭拆除，圖為以怪手敲毀之情形。

▌ 林衡道常說他最心儀的建築是英國式，特別是維多利亞時期的式樣，代表英國文化的最高峰，日本在明治維新時即追隨崇尚英國。本圖為台灣鐵道部，採英式建築風格。

一個題目問他，都覺得受益匪淺。一九七二年冬天，我與幾位同學因為深深覺到台灣現代建築的出路應該從古老的傳統中走出來，否則必將隨波逐流，淪為別人的附庸。我們決定尋找台灣建築文化之根，探索古建築是如何扎根於土壤之中，我們相約到林老師家中，請他撥空帶領我們去看古建築。於是，兩部遊覽車組成的勘察隊出發了，同行的還有畫家席德進。

到中南部勘察了許多古建築，當時民風純樸，所到之處一片安寧祥和，屋主盛情款待，令人難忘。麻豆林宅當時很完整，霧峰宮保第前有大水池及匠寮，大花廳前門尚存，這些景物如今皆經滄海之變了。勘察四天回到台北，不久我們還舉辦心得交換報告會，林老師很熱心地出席指導，同學們直呼難忘，是畢業前收穫最豐盛的一堂課！

從一九七二年以來，我有很多機會跟隨林老

師到台灣南北各地看古建築，早期稱為看古建築，後期稱為看古蹟。記得有一次隨林老師去看板橋五落大厝，這座深宅大院平時不得其門而入。進入之後，深為高大的白牆與幽黑的樑柱結構所吸引，這是台灣罕見的。但是林老師卻謙虛地說，「這是粗陋的建築」，有些失之簡陋，有些失之繁瑣，讓我大感迷惑。林老師的審美觀大概是以他童年所居住過的福州三坊七巷作標準吧！

後來，我對日治時期的近代建築發生濃厚的興趣，遂常向林老師請益。探討近代建築時，我才真正了解林老師對東亞近代史以及日本文化的深厚素養。林老師在長期對台灣傳統古建築的勘察基礎上，各地不同籍民的文化背景如何反映到建築物上，已有獨到的見解。但是對於日治時期的近代建築，更有精闢之論，他親自經歷過那段

▎1935年日本在台灣舉辦始政四十周年博覽會，會場主要設在台北新公園與西門圓環，並建造許多臨時的展覽建築，表現當時日本與台灣的經濟、文化與科技水準。本圖為名古屋館，以日本天守閣城堡為藍本所建立的展示館，同時也反映三〇年代興亞口號背後的意味。

■ 1930年代前後爲了軍事考量，日本及台灣的建築流行所謂國防色面磚，公共建築外表多貼上褐色或綠色面磚，並且作成凹凸不平的表面，以減低陽光反射，避免戰時遭敵機轟炸。本圖爲台北公會堂外（今中山堂）外牆的淺綠色面磚。

時期，目睹了不同政治氣氛上的建築變化，因而體驗特別深刻。

我曾經請教林老師關於明治、大正與昭和時期，日本文化的走向與當時台灣建築之關係，他對大正民主時期所建的博物館、公賣局、總統府給予很好的評價，認爲是追尋真善美的產物。而對於昭和法西斯時期的建築就給予較低的評價，日本戰後的建築史學界也有同樣的爭論，尤其對於軍國主義當權時期的所謂「帝冠式」建築，這種建築常常戴上一項東方式的屋頂，呈現「興亞」之精神。究竟如何評價所謂「興亞」風格的建築，我想這是另外一個課題，然而對於與建築同步走過那一段「皇民化」日子的台灣知識分子而言，是一個深刻的回憶自不待言。

林老師親自目睹一九三〇年代的台灣建築發展，因而許多見解鞭辟入裡，見人之所未見。例

如「國防色」建築經林老師提示，使我們對三〇年代北投窯廠出的淺色及褐色面磚有了更深一層之了解。再如林老師認為高等法院的尖塔模仿自艋舺龍山寺鐘鼓樓，圍牆運用紅磚砌成，模仿台灣建築地域化的現象提出了一項佐證。這些觀點都顯示出林老師觀察入微的見解。另外再如桃園神社與台北曹洞宗別院的建築，有些人反覆分析弄不出它是什麼建築，林老師一針見血就指出這是江戶時期形成的近代日本建築。

　　林老師早年雖然學經濟史，但他平時涉獵甚廣，都市史方面也難不倒他，日本文學亦是他的專長。我發現，你不問他不講，你問了一個好問題，他一定給你一個滿意的答案。

　　林老師出身板橋林家，全台望族，但他治學的觀點卻走中庸之道，立論中肯。對台灣鄉土史，他不偏袒豪族富戶，也不忽視平民大眾，這

▌1970年代之後，中山橋附近建造許多高架橋，只見縱橫交織，無一座具有美感。

■ 1933年改建之後的圓山明治橋，戰後改稱爲中山橋，採鋼骨及鋼筋混凝土栱式結構，共有三栱，全橋長120公尺，欄干及燈座皆爲花岡石所雕，橋的造形結合日本傳統建築與裝飾藝術（Art Deco）設計趣味。可惜在2004年初因被誤指不利防洪而遭拆除，正在覓地重組。

是不容易的。每次他在客家村莊見到黑瓦白牆民居，出落雅緻而純樸的鄉土建築時，他即誇讚不已。他自己穿著簡樸，如出一轍。

很難說林老師最專長什麼，報章雜誌訪問他，稱他為台灣史專家或民俗學者或古蹟學者，但似乎都不很準確。我想，林老師是集大成的學者，看他的著作及文章，我們覺得知識面涵蓋甚廣，他不用艱澀難懂的字眼，也不賣弄什麼理論學說，甚至也不加註，因為大多是他親身調查訪問所得，是雙腳大皮鞋跑出來的第一手資料。我們看林老師的著作文章，若是從他所處的環境來設想，即可了解並肯定他的貢獻。他常說：「要講使人聽了一輩子難忘的話，才是真知灼見！」林老師主持會議或發言時，言簡意賅，雖有時動氣，但事後馬上平息，顯露出他的明快行事風格。有幸與他一起開會，我很注意聆聽他的發

言，有時難免意見相異，但我還是尊敬他。

　　從一九七二年初次隨林老師看古建築以來，我受他啟發甚多，向他求教亦多，可謂受教於他。因此，我有書出版時，一定送到林老師府上請他指教。他總是給予我直接的意見，甚且慨贈相關資料。林老師提攜後學之長者風範，可見一斑。

　　近十年來因文化資產保存法公布施行，內政部與文建會舉辦了無數次的古蹟評鑑與修復計畫審查，林老師至為關心，幾乎全程參與大小會議與現場勘察，開會時發言亦不落人後，報紙媒體尊稱他為「古蹟界大老」，實至名歸。我聆聽他的發言，覺得他有許多觀點前後一致，值得提出來，讓後學更了解林老師，例如他喜歡民居與寺廟，尤其是鄉下純樸的黑瓦白牆民居，他常說白牆最美。寺廟方面則喜歡幽靜的佛寺更勝於繁飾的道教廟宇。言談間他討厭宮殿式建築。其次，日治時期的建築中，他推崇明治與大正年間建造的後期文藝復興式，而昭和時期的折衷樣式容易引起他對當時政局氣氛之聯想，他排斥這種建築。再如近代和風建築，他可以接受曹洞宗別院，但排斥桃園神社。這些愛憎分明的態度，前後一致。

　　林衡道常年在台灣各地作鄉土的田野調查，他將調查所得資料，撰成文章刊在台灣省文獻委員會所出版的專刊上，後來結集成書，題名為《台灣勝蹟採訪冊》，這套書成為研究台灣古蹟的工具書，造福後學。在一九七〇年代，我常常依據書中所載地點，按圖索驥地尋找台灣鄉下的古建築。林衡道在公務退休之後，常應許多民間團體之邀請，擔任古蹟解說及導遊，並且也出席政府的古蹟指定會議，非常忙碌，可謂老當益壯退而不休。直到在一九九七年以八十二歲高齡辭世，他對台灣古蹟的貢獻，永遠為人們所懷念。

▎金門鄉間常見的風獅爺，造形可愛，為了防風沙，古代即盛行在村口樹立獅子，張口舞爪，據傳可以擋風。風獅爺在他地也有，但並不多見，因此被視為金門的重要地標象徵。

看古屋，畫古屋——席德進

　　我在認識席德進之前，只是在台北的一些畫展見過，他給人若即若離的感覺，原因是他的衣著與髮型很時髦，在一九六〇年代披頭風潮中，席德進完全地跟上時代，身著花襯衫，頭髮很長，但他不說無謂的客套話，也不理會繁文縟節，又給人一種高傲的印象。我初次與他談話，是一九七二年的秋天，在淡水淡江大學的視聽教室裡，席德進當時擔任建築系的藝術課，可能是由顧獻樑聘請的客座教授。那一堂課他公開對外系的人演講，講題是「台灣的古建築」。我得悉這個消息，特別從文化大學趕去旁聽。會後，我上前與他交談，並邀請他來參加我們文化大學建築系所舉辦的中南部古建築考察旅行。

　　這一次的中南部考察共有一百多位建築系同學參加，帶隊的教授即是人們尊稱為「古蹟仙」的林衡道，我們的老師王俊雄也參加，他後來設計了台北新公園內的二二八紀念碑。在車上，我與席德進同座，幾天下來，我對他如何觀察古建築與文物的方法有了一點了解。其間，在東海大學也舉辦一場演講，由席德進主講台灣傳統建築，並引起廣泛的討論。這次的內容基本上與前次在淡江大學的演講相同，但席德進的資料很豐富，他從一九六六年自歐美回台，即開始注意台灣各地的古街、古屋與古物。可想而知，只有這些古老的東西在他心中有分量，而當時台灣流行的所謂摩登與現代，相較於紐約與巴黎，顯得就

▌1975年席德進在台中神岡的林宅大夫第寫生，這是一座書房，相傳也作為酒樓，古代為文人雅士舞文弄墨的小樓。

古蹟新解 ──珍重故事的舞台

席德進在台中鄉下的一座日式風格花園涼亭之下,這座花園以黑瓦白牆圍繞院子,中間樹立抽高的軒亭,有一種變體的趣味。

席德進寫給李乾朗的信

很貧乏了,可能是二流的抄襲品,也可能不入流了。

席德進一九六六年回台灣猛然覺悟到台灣古老的傳統文物蘊涵著深厚的中國文化與藝術精髓,因此他的興趣開始移轉到古建築及家具文物上來,他到鄉下寫生,同時蒐購古家具與瓶瓶罐罐。這些東西真正的用途是提供他創作的泉源,並且也作研究,在六〇年代末期,將藝術創作、蒐藏與研究融為一體或治於一爐的,席德進是屬於開拓型的人物。

一九七二年冬,我開始有較多機會與席德進接觸,除了相約一起去看古建築外,就是參加在他於新生南路家中的古建築幻燈欣賞聚會。與席德進一起去看古蹟,有時候根本是出去找古蹟。七〇年代初,台灣各地鄉鎮尚未受到太多都市化衝擊,寧靜平和的人文氣息較濃,因為仍保存許多值得細細品味的街道與古建築,有些都是我們心裡想看的。

出發前我們都會先作參觀路線計畫,但到達目的地則隨興所至,觀察面採用廣闊的角度,市街人物或廟口攤販也使我們感到興趣。當時沒有密室型的ＫＴＶ,也沒有連鎖便利商店。我們的交通工具多利用縱貫線的火車與叫客計程車,最多的時間是用雙腳走路。

以計程車去看古蹟的好處是許多當地的古宅寺廟非透過火車站附近的計程車司機帶路不可,

他們大多是在地人，熟悉當地的歷史，有什麼古
廟或望族的古宅第，計程車司機瞭若指掌。而且
大多很熱心，一旦明瞭來意，竟充當起嚮導，一
路開一路問，千辛萬苦尋得古屋時，計程車司機
臉上露出了滿意的微笑。我印象中最深刻的是席
德進喜歡將權利與義務區分清楚，車費與餐費各
自付帳或平均分攤，誰也不吃虧。要請客也言明
在先，有一次傍晚，在台南總趕宮前的夜市，席
德進請客吃魚，他親自挑選，並叮嚀老闆如何燒
魚，過程一絲不苟，形同畫一幅水彩畫。

　　比照前例方式，我與席德進及另外幾位友人
因而在一九七〇年代初期看了不少重要的古建
築。其中有些是林衡道書中提到的，也有不少是
我們不期而遇的。當年看過的宜蘭楊進士第、苑
裡民居、清水楊宅、大肚陳宅、竹山林宅、永靖
陳宅餘三館、歸仁民居、台南中州鄭宅以及台南
市區巷內眾多的小廟，令人印象深刻。考察過程
中，我們常互相討論，交換意見。他以一個畫家
特有的敏銳觀察力影響我們，對古建築的細部色
彩與造形尤其注意。例如色彩，他提出黑色是台
灣古建築的主色這一重要論點，所以他後來畫的
古屋，特別強調墨色的運用。線條方面，他提出
年代遠近所反映出來的線條不同之說，凡是年代
古老的建築，其線條帶拙味，年代較近者，其線
條流暢明快。當然，這是以美術的角度來看，席
德進的觀察力細緻而敏銳，是我們學習的對象。

　　他有作筆記的習慣，筆記本同時也是速寫
本，每頁都是圖文並茂，記載詳實。……至於席
德進熱愛台灣的古建築是否在他心靈深處蘊藏著
童年經驗中的種子呢？我認為是可以探索的。在
他的《台灣民間藝術》一書裡，就提到小時候在
四川家中，他父親請了皮影戲班子來演唱，並且

彰化永靖的陳宅餘三館是席德進最鍾愛的台灣古宅，它以矮牆分隔前後院，內外有別，氣氛極為優雅，席德進在此畫了一些畫。

對一切的民間藝術發生興趣。我們未見過席家的照片，但以近年大陸建築學者在四川閬中及南部郡縣一帶的調查來看，民房大多採用南方慣用的木樑穿斗式屋架，空格處填以編竹，並抹上白灰泥。屋瓦則是黑色的，屋簷很長，有遮陽避雨的功效。外觀的確很像台灣鄉下民房，特別是中南部鄉村的農宅。我想，席德進離開故鄉三十多年，據他說，作夢時還會夢到故鄉家園，那麼他從台灣古建築中似乎可以獲得彌補。

我作如是猜測，但事實上席德進在古屋的水

台灣民間藝術喜用直接而強烈的色彩，展現亞熱帶的溫暖氣候。席德進有一段時期的繪畫亦受其影響，愛用紅綠的對比色。本圖為台中霧峰民宅的彩色瓷片裝飾。

席德進1977年畫台灣竹椅

彩畫或油畫裡，卻很少畫「黑瓦白牆」的題材，我們只見過他畫台北大龍峒老師府陳悅記古宅屬於黑瓦白牆。

他大部分的古屋作品都是「黑瓦紅牆」，亦即彰顯台灣的閩南常用紅磚特色。易言之，他後半輩子所熟悉的台灣紅磚古屋仍是他喜愛的色彩，回顧他在一九四八年來台，即是被台灣的民情風土所吸引。……

席德進作畫喜在現場寫生，晚年畫水墨時才在畫室中工作。有一次偶然在淡水渡船頭看他蹲在岸邊寫生，畫觀音山與淡水河的景致，那一次他未支起畫架，直接以一根小木棒支起畫板，水彩紙也以幾個鐵夾四周固定而已。乍看之下，令人覺得他的設備很簡陋。向自然學習是他的座右銘，他有一本古建築的速寫簿後來出版了，裡面全是他面對古屋現場速寫的成果。一九七三年我與他去看苗栗苑裡北房里陳宅時，初次看到他現場畫速寫的方法，他使用八開或十六開的速寫本，便於攜帶，不用鉛筆打稿，而係直接以油性的簽字筆畫上去。構圖時有所取捨，只突顯中意的主題，去蕪存菁，旁邊雜物不入畫。……

席德進畫台灣古建築常遇到溫暖的機緣，人家獲知他是著名不修邊幅的畫家也都以禮相待，他也以畫回報，可是他仍有濃厚的中國傳統處世觀念。對待老先生尤其客氣，有一次到彰化永靖餘三館看古屋，拍照之後接著畫水彩，不久見到陳家老太太，他即畫一幅相贈。再有一次他到豐原后里毗蘆禪寺，遇到住持妙本上人，席德進喜歡上人從容溫厚的樣子，他隨即為她畫一幅速寫，並贈送給她。

由於長年過著單身生活，所以他有時候很喜歡熱鬧，總希望從人聲沸騰的氣氛裡尋回一些什

麼。他喜歡走近廟口或走進市場裡，去感受喧騰的溫暖。早期他即以廟口作背景畫了許多畫，廟口許多老小人物也入畫。他聽西洋古典音樂，但也很喜歡廟口的北管戲曲，他視北管急促的鑼鼓聲為最感人的音樂。畫街景熙熙攘攘人群，也畫蹲在榕樹下的人群。當去國四年，一九六六年回台之後，畫了台北小南門與北門的城門樓，顯示他對於城市地標的敏感度。他不但對寺廟城門非常注意，老巷弄也很能引起他的共鳴，因為只有老巷裡才有他要的溫暖。所以台北大稻埕迪化街與艋舺西昌街一帶，他作了不少畫。甚至有一次他獨自走到大理街附近的日式宿舍區，回來後也表示他認為日式住宅區保存了濃郁的人性尺度。

這種對空間尺度與造形風格的強烈感受，源自於多年的野外寫生觀察力，他曾在淡江建築系及中華工專建築科教書，與學建築的人有所接觸，也受到某些影響，例如拍古屋照片，最初他多拍正視角度，後來他為了掌握空間的深度，也拍許多斜角度，使遠近景皆呈現出來，他也承認是受到學建築的人的影響。

説到欣賞幻燈片，席德進最拿手的就是以極為感性的語調與巧妙的比喻演講古建築。他研究古建築雖以細膩的觀察入手，但卻出之以浪漫的結論，聽者無不為之動容。尤其是他自一九六六年之後，很獨具慧眼地拍攝許多後來被拆除的古建築。例如他拍攝台北小南門、東門、台南小西門，還有尚未整修前的陳悦記老師府、台北孔廟與台南孔廟等，甚至還有許多窮鄉僻壤或陋巷裡的民宅，照片取景的角度大體上是以最具光影之美的為準，因此觀眾有大開眼界之享受，並深深覺得自己住台灣，卻從未見及如此動人的老街古巷，因而感到懊悔與慚愧。

▌交趾陶是台灣寺廟與民宅屋脊或水車垛常見的陶藝，它來自泉州及廣東，清末有一些名匠來台授徒，因此至20世紀初年台灣也產生了本地的匠師，這是名匠洪坤福高徒張添發在台北龍山寺的傑作三國演義人物。

　　另外，我也發現席德進對台灣古蹟的著迷，出自於他對民間藝術的關心。他從不認為大陸中原的文化優於台灣，甚至他很討厭北京宮殿，對台北市每逢節慶即搭起彩畫牌樓特別深惡痛絕。因此，鄉下最能吸引他，愈鄉下愈有民間味。一九七三年到香港，特別由友人安排到新界鄉村去參觀，廣東式古建築，看了著名的曾大屋與落馬州一帶的民居，回台北後相約一群朋友分享，我

在他的介紹過程中發現他對空間組織的掌握非常
良好，已經有專業建築師的空間描述能力。廣東
式建築與台灣略不同，多用青灰磚，且空間更為
狹小緊湊，常有小巷與閣樓，人們生活在其中，
上上下下很具特色，並且設置許多防禦的槍孔。
可能古時為防海盜或械鬥而設，足證古人活得頗
辛苦。……

　　大家初次看到席德進所介紹的廣東民居，真
是大開眼界，使我們這些只見過台灣古屋的人深
深領悟到天外有天的涵意。一九七六年席德進有
一個機會去韓國，回台北之後照例又有一場韓國
民俗與古屋的幻燈欣賞會，這次我們也受到很大
震撼，因為看到韓國人將他們民族的民俗及傳統
工藝表現得淋漓盡致，在古屋前的平台及草地舉
行儀式，有誇大的面具舞，有中國漢代遺風的服
飾，也有唐宋風格的古建築。儀式、色彩、舞

▌ 席德進長期蒐集台灣民間藝術品，包括陶罐磚瓦片，這是
台南民宅門楣上常見的辟邪木雕劍獅。

蹈、服裝與建築交融而渾然為一體，令人深覺所
謂文化，實在是一個地區總集生活方式與生存哲
學之大成。席德進的眼界又比先前更廣闊了，對
台灣古屋的了解自然又進入另一個層次，這時他
的古厝水彩畫大概成為最主要的題材了。

　　除了喜歡古屋，農村及漁村也是台灣尚未全
面都市化之前一種很寧靜溫馨的地景。一九七六
年有一個機會去蘇澳看南方澳及北方澳的漁村。
南方澳一般人都不陌生，但北方澳則很少人知。
我們一行有四個朋友先搭船到港口外繞一圈，隨
即下船爬山到北方澳，這真是一處世外桃源，大
約有五十多戶人家聚居，房屋層層疊疊，高度利
用空間，各家的門口廊即是公共走道，屋頂則互
相利用，作為曬魚乾及曬衣場所。漁民的船隻即
靠在房屋外不遠處，自然山勢圍住了這個小漁
村。但很可惜，在我們參觀考察不久之後幾年，
因蘇澳港的擴建，北方澳的漁村竟被夷為平地，
片瓦不存了。

　　席德進對環境及人物的觀察是多方面的，因
此他看古建築時的角度也與一般人不同。他常自
詡說看精神或看神韻，言下之意似乎別人只看皮
毛而已。不過我認為每個人都有權利選擇自己的
角度，無所謂精神或形式。我們細觀席德進的古
屋水彩畫或速寫，他大多畫外觀，尤其是突顯屋
頂、屋脊及牆面的顏色。易言之，建築被抽離成
「線」與「面」。至於房子的內部空間與樑柱結構

卻無法表現出來。所以他拍古屋照片時，常常會被古屋裡最富造形與色彩美感之處所吸引。例如他到了霧峰林宅與菜園，拍攝了許多窗櫺花格子，在菜園尚未被破壞之前有一排很別緻的琉璃花窗，一般人可能忽視它，但席德進很細心地拍攝許多幻燈片。

對於現今大家熟知的古蹟，席德進當時的評價如何？就我記憶所及，舉數例分享讀者知道。台南孔子廟，他最欣賞大成殿，認為它雖高大，但仍帶樸拙之氣。台南祀典武廟，他最欣賞朱紅色的山牆與高懸的二重屋簷，認為氣勢雄渾。鹿港龍山寺，認為戲台與前殿之柱子有如樹林，飛鳥穿梭，如入空靈之境，他在那裡徘徊，讚嘆不已。

鹽水八角樓是一座民宅的後樓，樓閣高聳，突出於附近民房之頂，它旁邊還有一條小巷，小孩嬉戲其間，有一種古代的市井趣味。席德進特別喜歡這種類似清明上河圖景象的空間。鹽水市區邊緣經過一條木板橋後，還有一段木造店鋪圍成的古街，在傍晚時刻一面玻璃窗透出昏黃的燈光，我們經過時走得很慢，時而傳來狗吠之聲。那天，我們在鹽水從中午停留至晚上，體驗到傳統寧靜平和的台灣小鎮的生活氣氛。

彰化永靖陳宅餘三館，席德進在一九七二年初訪是隨著文化大學的考察團，人多嘈雜無法體會這座建於清光緒初年古宅的優雅氣質。他在一九七四年及一九七八年又去幾趟，與宅第主人也熟悉起來了，陳家老太太每次熱烈地接待他，使

▌席德進逝世後埋骨於台中大肚山，他生前很喜歡台中郊區的
田野風景，墳墓的設計出自他本人在病榻上的速寫，他希望
有一座小亭，月洞門，並且有翹脊的屋頂，圖中所見石碑內
文由其同鄉張大千所撰。

他真正感到在台灣看古屋這麼多年所罕遇的特殊
情懷。我猜想，這座多使用黑瓦、白牆與黑柱的
古宅可能有點類似席德進遠在四川南部郫縣的老
家。

　　席德進畫永靖餘三館至少有三次以上，每次
去都停留甚久，而且餘三館坐西朝東，席德進喜
歡下午到，剛好碰到逆光，整個院子籠罩在陰影
中，這時的氣氛轉神祕，席德進對我說：「站在
這院子當中，就是一種心靈上的享受。」……

　　有一次席德進與幾位朋友聊及台北三峽的清
水祖師廟，他認為其彫刻雖然很精美，但因李梅
樹教授主導設計走向，匠師受到學院理論之影
響，較缺乏民俗藝術之拙味。席德進對木彫、石
彫的演變也有心得，我覺得他已略有美術史的分
析看法，例如他寫道：「愈古的廟，花飾愈少；
愈近代的廟，花飾愈繁。這是一個時代心理的反
應。從民間藝術可以看出一個時代對美的偏好與
轉變，並顯示那一時代的興盛與衰頹。」又說：
「愈古的石刻作品，愈單純雄樸，比如說廟中的
龍柱，在康熙、乾隆年間的龍柱為圓柱上繞著極
單純的龍，上下兩端略飾雲紋（按如彰化孔
廟）。大約到了同治年間（席德進指的是台北清
水祖師廟龍柱），龍柱風格一變而為八角形繞著
強勁的龍。到了今天，龍柱原狀全失，被複雜的
龍身，加上人物、雲紋所包圍，並在石上描以黑
白線條，使人眼花撩亂。從這兒可以看出民間藝

術大約一百年之中變革一次。一種時代的精神，
民心的轉向、趣味、風尚都隨時代在變遷。今天
的石刻，取以複雜喧譁的姿態，只不過是來掩飾
它的軟弱和空虛罷了。」

　　席德進花了十多年探尋台灣的民間藝術與古
建築，不但在個人繪畫上有所創發，有所突破。
在鼓吹保存與研究上亦有莫大貢獻，我們應從他
所處的時代與條件來看他的一生，才不會對他要
求過高。他自己也謙虛地表白這種工作屬於開創
性的蒐集史料與粗淺的介紹。我想，在台灣本土
文化與藝術研究風氣蓬勃的今天，席德進累積的
成果都是台灣所共有的文化資產，台灣人應該珍
惜之。

國家圖書館出版品預行編目資料

古蹟新解珍重故事的舞台 =
A new explanation about historical monuments
Treasuring the platform of stories

李乾朗／著. — 初版.
— 台北市：藝術家 ， 2004 〔民93〕
面：15×21公分.

ISBN　986-7487-24-9（平裝）

1. 古蹟—保存及修復　　　　2. 台灣—古蹟
684.032　　　　　　　　　　　　93013514

古蹟新解──珍重故事的舞台
A New Explanation About Historical Monuments
── Treasuring the Platform of Stories

李乾朗 著

發行人｜ 何政廣
主編｜ 王庭玫
責任編輯｜ 黃郁惠、王雅玲
美術編輯｜ 曾小芬

出版者｜ 藝術家出版社
台北市重慶南路一段147號6樓
TEL：(02) 2371-9692~3
FAX：(02) 2331-7096
郵政劃撥：01044798 藝術家雜誌社帳戶

總 經 銷　時報文化出版企業股份有限公司
桃園市龜山區萬壽路二段351號
TEL：(02) 2306-6842

南部區域代理　吳忠南
台南市西門路一段223巷10弄26號
TEL：(06) 2617268
FAX：(06) 2637698

製版印刷　欣佑印刷
初版　2004年9月
定價　新台幣380元

ISBN　986-7487-24-9（平裝）

法律顧問 蕭雄淋
版權所有 不准翻印
行政院新聞局出版事業登記證局版台業字第1749號